Fabian Grolimund | Stefanie Rietzler

Ich liebe dich, so wie du bist

Die Gefühle unserer Kinder verstehen, annehmen und liebevoll begleiten

Fabian Grolimund | Stefanie Rietzler

Ich liebe dich, so wie du bist

Die Gefühle unserer Kinder verstehen, annehmen und liebevoll begleiten

HERDER

FREIBURG · BASEL · WIEN

MIX
Papier | Fördert gute Waldnutzung
FSC® C083411

www.herder.de

Bei Fragen zur Produktsicherheit wenden Sie sich an
produktsicherheit@herder.de

Illustrationen: René Amthor, www.studio-vieleck.de
Satz: Daniel Förster, Belgern
Herstellung: CPI books GmbH, Leck

Printed in Germany

ISBN Print: 978-3-451-60211-5
ISBN E-Book (EPUB): 978-3-451-83111-9

Inhalt

Liebe Mutter, lieber Vater,

eines der schönsten Geschenke, das wir unseren Kinder machen können, ist, sie so zu lieben, wie sie sind. Niemandem von uns gelingt das immer. Aber je öfter unsere Kinder diese Erfahrung machen dürfen, desto mehr können sie zu sich »ja« sagen und sich selbst annehmen.

Dürfen wir dich zu Beginn dieses Buches zu einer kurzen Übung einladen?

Denke an deine engsten Bezugspersonen aus deiner Kindheit: Eltern, Großeltern, Lehrkräfte – an Menschen, die dich geprägt haben.

Frage dich:

- Welche Erwartungen habe ich von wem gespürt?
- Welche davon konnte ich erfüllen, welche nicht?
- Welchen versuche ich heute noch zu entsprechen?
- Welche Gefühle durfte ich als Kind ausdrücken, welche nicht?
- Wie musste ich sein und was musste ich tun, um Liebe und Anerkennung zu erhalten? Und wie beeinflusst mich das in der Gegenwart?

Es ist erstaunlich, wie oft es in Coachings, Beratungen und Therapien um diese Fragen geht. So viele Menschen können eigene Persönlichkeitsanteile nicht annehmen, haben Schwierigkeiten, das zu akzeptieren, was an ihnen zurückgewiesen wurde. Sie tragen die Überzeugung mit sich herum, nicht gut genug zu sein.

Zu deutlich haben sie gespürt, dass sie für ihre Eltern, Lehrkräfte, aber auch Gleichaltrige zu laut, zu schüchtern, zu anstrengend, zu empfindlich, zu faul, zu ehrgeizig, zu unsportlich, zu dick oder zu uncool waren. Einige haben erlebt, dass sie für ihre Eltern etwas Besonderes sein müssen: die beste Schülerin, ein Spitzensportler – und man die Aufmerksamkeit der Eltern vor allem dann bekommt, wenn man aus der Masse herausragt. Manche fühlten sich nicht angenommen, weil sie nicht das ersehnte Geschlecht hatten, dem gängigen Rollenbild eines »echten Jungen« oder eines »richtigen Mädchens« nicht entsprachen, den religiösen Überzeugungen der Eltern nicht folgen wollten oder vom Charakter her dem Expartner schmerzlich ähnelten, den die Mutter oder der Vater verteufelte. Einige hatten erlebt, dass ihre Eltern immer wieder davon sprachen, wie viel sie für die Kinder geopfert hatten, wie anstrengend die Vater- oder Mutterschaft für sie ist – und man dieses Opfer als Kind nur durch ganz viel Dankbarkeit und Bravsein aufwiegen kann.

Mit diesem Buch möchten wir es Eltern ein wenig erleichtern, sich selbst und ihre Kinder so anzunehmen, wie sie sind. Dieser Wunsch zieht sich durch fast alle unsere Artikel, die wir in den letzten Jahren für *Das Schweizer ElternMagazin Fritz + Fränzi* schreiben durften und die du in diesem Buch in gesammelter und erweiterter Form wiederfindest.

Fühl dich eingeladen, die folgenden Texte auf dich wirken zu lassen und einzelne Übungen auszuwählen, die dich ansprechen. Oft ist es hilfreicher, wenn man in einem Ratgeber nur eine einzige wirksame Übung findet und verinnerlicht, die gut zu einem passt, anstatt zu versuchen, ein ganzes Programm »abzuarbeiten«.

Du wirst im Laufe dieses Buches auf viele Fallbeispiele stoßen. Einige davon stammen aus Coachings und Beratungen, die wir durchgeführt haben. Sie wurden so weit zusammengefasst, anonymisiert und verfremdet, dass keine Rückschlüsse auf einzelne Personen möglich sind. Andere Familien haben uns nicht nur einen Einblick in ihren Alltag gegeben, sondern uns auch erlaubt, ihre Erfahrungen als schriftliches Interview, Podcast oder Video mit dir zu teilen. Davon findest du Ausschnitte im Buch und jeweils eine ausführliche Fassung auf unserer Seite: www.elternliebe.ch

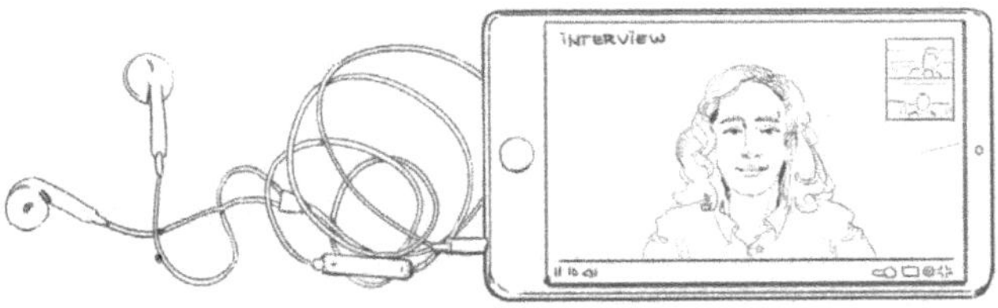

Bist du bereit für unsere gemeinsame Reise? Dann los!

Herzlich,
Stefanie und Fabian

Kinder bedingungslos lieben

Die Überzeugung, dass wir unsere Kinder möglichst bedingungslos lieben und annehmen sollten, ist relativ neu und sorgt für hitzige Diskussionen.

Manche Eltern vertreten den Standpunkt, dass damit jegliche Führung verloren ginge und sich die Kinder zu unsäglichen Tyrannen entwickeln würden. Das klingt dann oft so: »Ja schön und gut – aber soll ich etwa alles gutheißen, was mein Kind tut, und ihm alles durchgehen lassen? Und was, wenn es stiehlt, andere mobbt oder auf der faulen Haut liegt?«

Für andere Mütter und Väter ist bedingungslose Liebe das Allheilmittel schlechthin, der Weg zu einer besseren und friedlicheren Menschheit. Sie sehen sie als Grundvoraussetzung, damit sich Kinder überhaupt positiv entwickeln können. Manchmal gipfelt dies in einer problematischen Ideologie: dann werden alle Probleme in anderen Familien auf die scheinbar mangelnde Liebe zurückgeführt. Oder man verurteilt und greift Eltern an, weil sie das Elternsein auch mal anstrengend finden, mit bestimmten Eigenschaften ihres Kindes hadern oder sich gewisser Erziehungspraktiken bedienen wie Konsequenzen, Belohnungen oder Lob.

Doch was ist bedingungslose Liebe?

Das Konzept geht auf den US-amerikanischen Psychotherapeuten Carl Rogers zurück. Dieser begründete in den 1960er-Jahren die Gesprächspsychotherapie und formulierte drei Bedingungen, die in Beziehungen gegeben sein sollten, damit sich Menschen entfalten können: Bedingungslose Wärme und Wertschätzung, Echtheit sowie Empathie.

Als Humanist ging er davon aus, dass wir alle autonom und frei sind, dass wir wachsen, uns weiterentwickeln und verwirklichen möchten. Damit uns dies gelingt, benötigen wir andere Menschen, die sich in uns einfühlen, die Welt ein Stück weit aus unserer Sicht wahrnehmen, uns mit Wärme und Verständnis begegnen und dabei authentisch bleiben. Von solchen Erwachsenen lernen Kinder, Zugang zu den eigenen Bedürfnissen und Gefühlen zu finden und zu entdecken, wer sie sind und was ihnen wichtig ist. Bleiben die Bezugspersonen auch bei unangenehmen Empfindungen zugewandt, wird es den Kindern leichterfallen, sich selbst und ihre Gefühlswelt anzunehmen.

Das Gegenteil einer bedingungslosen Liebe wäre eine an Bedingungen geknüpfte Liebe: Ich liebe dich nur, wenn du so bist und dich so verhältst, wie ich das will. Dabei müssen wir uns die Zuneigung unseres Gegenübers verdienen, indem wir uns an seine Vorstellungen anpassen und zur Not bestimmte Anteile unserer Persönlichkeit verleugnen. Das kann in der Folge zur Empfindung führen, nicht richtig oder nicht gut genug zu sein und ständig an sich arbeiten zu müssen, um von anderen akzeptiert zu werden.

Ist es möglich, bedingungslos zu lieben?

Die meisten von uns möchten ihren Kindern bedingungslose Liebe schenken. Das ist in engen Beziehungen jedoch schwierig und wird uns nie vollständig gelingen – und das muss es auch nicht. Carl Rogers definierte sein Konzept für die Therapiebeziehung. Dort ist es einfacher, bedingungslos wertschätzend zu bleiben, weil die Bedürfnisse und das Verhalten der Hilfesuchenden das Leben der Beratenden nicht betreffen. Um es plastisch auszudrücken: Der Satz »Ich bin fremdgegangen« hat eine ganz andere Wirkung, je nachdem, ob ihn eine Klientin oder der eigene Partner äußert.

Als Eltern haben wir Wünsche, Hoffnungen und Erwartungen an und für unsere Kinder. Wir alle freuen uns, wenn unser Kind sich anderen gegenüber hilfsbereit zeigt, dem kleinen Geschwister liebevoll begegnet, im Spiel versinkt und sich auch einmal alleine beschäftigen kann, gerne zur Schule geht und sich für vieles interessiert. Und für viele von uns wäre es schwierig, wenn sich das eigene Kind aggressiv und gemein verhält, andere auslacht, das kleine Geschwister vor lauter Eifersucht heimlich quält, desinteressiert und passiv wirkt und nichts mit sich anzufangen weiß.

Bedingungslose Liebe bedeutet nicht, dass wir sämtliche unangenehmen Gefühle in uns unterdrücken müssten, nie enttäuscht, verärgert oder beschämt über das Verhalten des Kindes sein dürfen. Es bedeutet auch nicht, alles zuzulassen. Vielmehr zeigt sich bedingungslose Liebe darin, dass wir auch in solchen Situationen interessiert und zugewandt bleiben und wissen möchten, weshalb sich unser Kind so fühlt und verhält.

Maggie erzählt:
Als unser Sohn geboren wurde, war die Ältere wie ausgewechselt. Alina war bis dahin so ein zufriedenes, fröhliches und hilfsbereites Kind! Aber sobald ich mit dem Kleinen nach Hause kam, ging das Drama los. Sie war so eifersüchtig und wollte ihren Bruder am liebsten »zurückgeben«. Ich konnte sie keine Minute mit dem Säugling alleine lassen: Ich hatte echt Angst, dass sie ihm etwas antut. Ein paar Mal habe ich sie erwischt, wie sie ihn richtig fest gezwickt oder gehauen hat, wenn sie dachte, ich merke es nicht. Ich musste ständig gegen meine Gefühle ankämpfen! Aber manchmal kam ich einfach an meine Grenzen. Ein paar Mal war ich so sauer, dass ich meinen Sohn demonstrativ auf den Arm genommen und die Größere ignoriert habe, sogar als sie geweint und um Aufmerksamkeit gebettelt hat.

Wie gelingt es uns, in solchen Momenten zugewandt zu bleiben?

Der Schlüssel zu bedingungsloser Liebe ist Empathie: sie ermöglicht es uns, uns wieder mit dem Kind zu verbinden. Nicht, weil man alles gutheißen würde, was geschieht, sondern weil wir wissen wollen, welche Bedürfnisse und Gefühle hinter diesem herausfordernden Verhalten stecken.

Beginne bei dir

Wenn es uns nicht gelingt, unser Kind anzunehmen, wenn wir es trotz guter Vorsätze ausgeschimpft, unter Druck gesetzt, abgewertet, bestraft oder ihm zumindest mit Konsequenzen gedroht haben, ist das schlechte Gewissen nicht weit.

In diesen Situationen können wir bei uns beginnen und lernen, uns selbst Empathie und unbedingte Wertschätzung entgegenzubringen.

Anstatt uns Vorwürfe zu machen und uns als schlechte Mutter oder unfähigen Vater zu verurteilen, können wir uns selbst mit mehr Verständnis begegnen:

- »Wenn ich unter Zeitdruck und gestresst bin, dann ärgere ich mich sehr, wenn mein Kind so lange braucht, bis es angezogen ist. Manchmal lasse ich mich dann zu Äußerungen hinreißen, die ich hinterher bereue.«
- »Ich habe es mir so schön und harmonisch vorgestellt, wenn das zweite Kind da ist, und darauf gehofft, dass sich Alina auf ihr Geschwisterchen freut. Aber jetzt ist sie so eifersüchtig! Ich bin richtig enttäuscht.«
- »Ich war heute oft wütend und habe viel geschimpft. Ich fühle mich im Moment überfordert und alleine gelassen.«
- »Ich hätte nicht gleich den Teufel an die Wand malen müssen, als Carlo mir diese schlechte Deutschnote gezeigt hat. Ich glaube, ich habe einfach Angst bekommen und mir so viele Sorgen um seine Zukunft gemacht. Deswegen habe ich so heftig reagiert.«

Mit der Zeit bemerken wir immer schneller, welche eigenen Gefühle, Sorgen, manchmal auch Verletzungen aus der Kindheit hinter unseren Reaktionen stecken. Wir registrieren öfter, wo wir überreagieren und wo es hilfreicher wäre, eigene Erwartungen zu hinterfragen, anstatt vom Kind einzufordern, dass es sich anpasst.

Damit uns die Forderung nach bedingungsloser Liebe nicht unter Druck setzt, dürfen wir sie als Geschenk sehen, das wir unseren Kindern immer wieder machen können. An manchen Tagen gelingt uns das besser, an anderen schlechter. Wichtig ist, dass unsere Kinder merken, dass wir uns immer wieder darum bemühen.

Übung: Nimm das Beste an!

Wir möchten dir an dieser Stelle eine kleine, aber wirksame Übung vorstellen. Sie hilft dir dabei, dich mit deinem Kind zu verbinden und auch in anspruchsvollen Situationen mit ihm in Beziehung zu bleiben. Vielleicht ist dir bereits aufgefallen, dass wir dann besonders wütend oder enttäuscht auf unsere Kinder reagieren, wenn wir ihnen negative oder böswillige Absichten unterstellen.

Unser Kind hat einen Wutanfall und wir denken – weil wir selbst gestresst sind –, dass es uns damit provozieren oder einen Machtkampf ausfechten will. Es trödelt morgens und wir unterstellen ihm, dass es sich »querstellt« und uns auf die Palme bringen möchte. Es mäkelt am Essen herum und wir denken: »Wie verwöhnt und undankbar! Ich stehe eine Stunde in der Küche und achte auf eine gesunde Ernährung und das ist nun der Dank?!«

Es ist ganz normal, dass sich solche Gedanken aufdrängen, wenn uns der Gefühlsstrudel der Kinder mitreißt.

Rückwirkend, wenn wir ruhiger und entspannter sind, kann es uns aber gelingen, solche Situationen anders zu betrachten. Dazu setzen wir eine andere Brille auf und gehen – versuchsweise – davon aus, dass unser Kind nicht böswillig handelt, sondern es einen guten Grund für sein Verhalten gibt. Vielleicht wurde ein wichtiges Grundbedürfnis des Kindes übergangen oder frustriert? Möglicherweise war es müde oder hungrig und deswegen so gereizt?

Alinas Mutter machte sich die folgenden Gedanken über die Eifersucht ihrer Tochter:

Ich bin ziemlich enttäuscht, dass Alina so eifersüchtig ist. Aber ehrlicherweise habe ich jetzt viel weniger Zeit für sie und sie muss oft warten. Wahrscheinlich hat sie wirklich Angst, dass ich sie nun nicht mehr so sehr liebe oder mir ihr kleiner Bruder wichtiger ist. Ich bin tatsächlich ungeduldiger mit ihr und schimpfe häufiger. Bestimmt sehnt sie sich zurück nach der Zeit, in der sie mich ganz für sich allein hatte.

Diese Übung kann uns auf drei verschiedene Arten dabei unterstützen, unseren Kindern näherzukommen:

1. Vielleicht sprechen wir im Nachhinein mit unserem Kind und teilen ihm unsere Überlegungen mit. Kindern tut es oft auch hinterher gut, wenn sie merken, dass ihre Eltern nun besser verstehen, wie sie sich in der entsprechenden Situation gefühlt haben. Häufig hegen Kinder einen unausgesprochenen Groll, wenn sie sich nicht verstanden fühlen und können diesen loslassen, wenn man als Elternteil darauf zurückkommt.
2. Situationen wiederholen sich. Alinas Mutter gelang es durch die Übung in der darauffolgenden Zeit besser, die Bedürfnisse ihrer Tochter im Blick zu behalten, wenn diese eifersüchtig war. Anstatt sich über sie zu ärgern und sie wegzuschicken oder mit ihr zu schimpfen, umarmte sie sie und zeigte ihr dadurch, dass sie ihr wichtig ist und es genug Liebe für beide Kinder gibt. Sie flüsterte ihr zu: »Das ist gerade nicht so einfach für dich.«
3. Kennen wir den Grund für das Verhalten unseres Kindes, können wir über Lösungen nachdenken. Alinas Mutter fiel auf, dass sich ihre Tochter oft verloren fühlte, wenn sie sich um das Baby kümmerte. Also ließ sie Alina beim Wickeln helfen, den Kinderwagen schieben und machte sie zur Kleiderchefin, die bestimmen darf, was das Baby am nächsten Tag anziehen soll. Sie sagte öfter: »Dein kleiner Bruder hat großes Glück, dass er so eine tolle Schwester hat« oder »Schau mal, wie er dich anlächelt. Er hat dich sehr lieb«. Alina fühlte sich von Tag zu Tag wohler in ihrer neuen Rolle als große Schwester – und ihre Mutter achtete darauf, dass auch die Große oft genug »klein sein« durfte.

Jetzt bist du dran!
Schreibe hier eine Situation auf, in der du deinem Kind gegenüber ablehnende Gefühle hattest:

____

____

____

____

Versuche dich nun in dein Kind einzufühlen und suche nach dem »guten Grund« für sein Handeln: Welche Grundbedürfnisse deines Kindes wurden in dieser Situation eventuell frustriert (mehr dazu erfährst du im nächsten Kapitel)? Wonach hat es sich in diesem Moment wohl gesehnt?

____

____

____

____

Falls du einen »guten Grund« gefunden hast: Wie möchtest du darauf eingehen? Willst du mit deinem Kind darüber sprechen? In einer zukünftigen Situation anders reagieren? Und was genau könntest du sagen und tun?

____

____

____

____

Wenn Kinder in alten Wunden wühlen

Freundlich sein, aber bestimmt. Zugewandte, liebevolle, einfühlsame Eltern sein. Nicht nörgeln. Nicht schimpfen. Nicht drohen. Nicht laut werden. Nie mehr die Nerven verlieren! Stattdessen mal ruhig bleiben. Ja, Gelassenheit ist das Zauberwort! Durchatmen, das liest man doch überall, das beruhigt. Aber egal, was ich mir von all dem vorgenommen habe: Manchmal kann ich nicht anders. Da drücken die Kinder meine Knöpfe, und »zack!«, wirft es mich mal wieder aus der Bahn. Dann reagiere ich über, werde grob, schreie herum, bin patzig, drohe, strafe, schmolle, bin plötzlich so verletzt, so verzweifelt und hilflos, könnte heulen. Später tut es mir dann leid und ich schäme mich, ich wollte es doch anders machen. Wieso kriege ich das nicht hin?

Findest du dich in diesen Aussagen wieder, die wir in unserer Arbeit immer wieder von Eltern hören? Ja? Dann lass uns gemeinsam erkunden, warum es manchmal so schwer sein kann, besonnen zu reagieren.

So viel vorweg: Natürlich sind wir alle nur Menschen. Der Tag war lang, die To-do-Liste auch, man ist müde, hat sich schon den ganzen Tag zusammengerissen und dann kommt der Moment – die zankenden Geschwister am Esstisch, die Weigerung, ins Bett zu gehen –, der das Fass zum Überlaufen bringt. »Ego depletion« oder »Ich-Erschöpfung« nennt der Sozialpsychologe Roy Baumeister (2000) dieses Phänomen, die Erschöpfung unserer Willenskraft nach vielen anstrengenden Aufgaben.

Darüber hinaus gibt es Situationen, in denen nicht nur die Alltagserschöpfung den Ausschlag gibt, sondern Wunden aus der eigenen Kindheit.

Warum verliert man die Nerven?

»Die emotionalen Zustände unserer Kindheit und Jugend sind wie schlafende Quälgeister, die bestimmte Reize oder Situationen wachrütteln und deren Treiben wir dann hilflos ausgeliefert sind«, schreibt die Psychotherapeutin Gitta Jacob in ihrem Buch *Raus aus Schema F* (2020).

Wie ist das bei dir? In welchen Momenten reagierst du übermäßig emotional, werden deine Knöpfe gedrückt? Was haben diese gemeinsam? Und welche Gedanken gehen dir dann durch den Kopf?

Andrea erzählt:
Mir ist bewusst geworden, dass ich immer dann die Nerven verliere, wenn ich den Eindruck habe, von meinen Kindern ignoriert zu werden. Beim letzten Mal saß ich mit unserer 14-jährigen Tochter im Wohnzimmer und wollte mich mit ihr unterhalten. Sie tippte aber ständig auf ihrem Handy herum und blickte kaum vom Bildschirm auf. Mein Mann kann gut darüber hinwegsehen, sagt, sie ist halt in der Pubertät und es ist normal, dass sie nicht mehr so viel erzählt, aber ich kann das nicht so sehen: Ich sitze dann da und komme mir so blöd vor, bin plötzlich verletzt, traurig und einsam, obwohl unsere anderen Kinder im selben Raum sind. Und dann rede ich den ganzen Tag kein Wort mehr mit meiner Tochter, vielleicht auch, um sie spüren zu lassen, wie das ist. Total unreif, ich weiß. Aber das erweckt bei mir einfach diesen Eindruck: Ich werde nicht gehört! Was du willst, zählt nicht! Du bist nicht wichtig! Du fällst zur Last!

Bei näherer Betrachtung wird klar, dass sich solche Glaubenssätze schon früh eingebrannt haben. Glaubenssätze sind tief in uns wurzelnde Überzeugungen über uns selbst, die Welt und unsere Beziehungen, die wir im Laufe unserer Kindheit aufbauen.

Sie speisen sich aus der Art und Weise, wie unsere wichtigsten Bezugspersonen mit uns und unseren Bedürfnissen umgegangen sind. Diese Prägungen wirken in uns fort – und beeinflussen wiederum, wie wir auf unsere eigenen Kinder zugehen. Je besser wir unsere Kindheitsprägungen verstehen und uns aktiv mit ihnen auseinandersetzen, desto freier und unbeschwerter werden wir – und desto eher können wir die Eltern sein, die wir gerne sein möchten (siehe dazu auch Stahl & Tomuschat, 2018).

Auf diesem Weg hilft uns zunächst ein Blick auf unsere psychischen Grundbedürfnisse, die als innerer Motor wirken – und die Frage, inwiefern unsere Eltern diesen Rechnung tragen konnten (in Anlehnung an Grawe, 2000).

Überlege dir:

Bindung: *Inwiefern habe ich mich von meinen wichtigsten Bezugspersonen geliebt und bei ihnen geborgen gefühlt?*

Wir alle möchten von Anfang an Nähe zu unseren Eltern herstellen. Babys schmiegen sich an, lächeln oder brabbeln, wenn man sich über sie beugt, oder strecken ihre Ärmchen aus. Später versuchen wir aktiv, gute Beziehungen zu Verwandten, dem Freundeskreis, zu Partnerinnen und Partnern und den eigenen Kindern herzustellen. Gelingt uns dies, empfinden wir Liebe, Zuneigung, Verbundenheit und Freude. Im Gegenzug kann die Vorstellung, dass wir einen geliebten Menschen verlieren könnten, Ängste und Sorgen auslösen. Spannungen und Streit in Beziehungen empfinden wir als belastend.

Kompetenz und Selbstwirksamkeit: *Inwiefern durfte ich erleben, dass ich etwas kann, Ziele erreiche und durch meine Bemühungen etwas bewirken kann?*

Neben verlässlichen Bindungen streben wir ein Gefühl von Selbstwirksamkeit an. Wir möchten erleben, dass unsere Handlungen etwas bewirken und wir unser Leben aktiv gestalten können. Wenn wir merken, dass uns wichtige Fähigkeiten fehlen oder wir kein Gehör finden, fühlen wir uns frustriert oder wütend und werden mit der Zeit ohnmächtig und deprimiert.

Selbstwerterhöhung und Selbstwertschutz: *Inwiefern habe ich genügend Anerkennung und Wertschätzung erfahren? Wurde ich oft abgewertet und beschämt?*

Wir alle möchten als Mensch mit unseren Stärken und Schwächen gesehen und geschätzt werden und leiden, wenn uns geliebte Personen abwerten, bloßstellen oder geringschätzen.

Autonomie: *Inwiefern durfte ich im Familienalltag mitentscheiden und eigene Wege gehen? Wie stark wurde erwartet, dass man sich fügt?*

Es ist in uns angelegt, unseren eigenen Kopf zu entwickeln. Schon Kleinkinder lernen, »Nein!« zu sagen, oder möchten sich »alleine!« anziehen. Je älter Kinder und Jugendliche werden, desto stärker wollen sie ihr Leben nach eigenen Vorstellungen gestalten, und fordern, bei Entscheidungen mitreden zu dürfen. Fühlen wir uns in unserer Autonomie beschnitten, von anderen kontrolliert und eingeengt, bäumen wir uns auf: Manchmal mit stillem Widerwillen, manchmal in offener Aggression.

Lustgewinn: *Inwiefern durfte ich eigenen Interessen nachgehen, unbeschwerte Momente, Freude, Genuss und Entspannung erleben? Wurden meine Interessen als Spinnereien abgetan und von mir erwartet, dass ich meine Zeit »sinnvoll« nutze? Standen vielleicht auch harte Arbeit, Entbehrung und Pflichterfüllung über allem?*

Schließlich gibt es eine Reihe von Aktivitäten, die wir um ihrer selbst willen tun, einfach weil sie uns positive Gefühle verschaffen. Als Kinder versinken wir im Spiel, genießen unbeschwerte Momente mit Gleichaltrigen, suchen nach Spannung, indem wir einen packenden Roman lesen oder Ausflüge unternehmen, lauschen hingerissen unserer Lieblingsmusik, lassen uns von der Schönheit der Natur berühren oder kosten gutes Essen aus. Wir entwickeln eigene Interessen, denen wir nachgehen möchten.

Von Grundbedürfnissen zu Grundüberzeugungen

Die Art und Weise, wie die wichtigsten Bezugspersonen mit uns und unseren Bedürfnissen umgehen, prägt uns nachhaltig und beeinflusst, wie wir die Welt sehen (Jacob, 2020; Stahl, 2015):

Werden unsere Grundbedürfnisse in der Kindheit ausreichend berücksichtigt, bilden sich hilfreiche Grundüberzeugungen aus, wie:

- »Ich bin liebenswert.«
- »Ich bin willkommen.«
- »Ich darf so sein, wie ich bin.«
- »Ich kann etwas.«
- »Ich kann mich auf andere verlassen.«
- »Ich darf Fehler machen.«
- »Meine Ansicht zählt.«
- »Ich darf Hilfe in Anspruch nehmen.«
- …

Manchen Eltern gelingt es nicht, auf wichtige psychische Grundbedürfnisse ausreichend einzugehen.

Werden Kinder vernachlässigt, oft mit sich und ihren Gefühlen alleine gelassen, kontrolliert oder andauernd abgewertet und bestraft, können sich negative Grundüberzeugungen herausbilden, wie:

- »Ich bin nichts wert.«
- »Ich bin eine Belastung.«
- »Was ich möchte, zählt nicht.«
- »Ich bin dumm.«
- »Ich komme zu kurz.«
- »Ich bin schuld.«
- »Ich verdiene keine Liebe.«
- …

Viele heute erwachsene Menschen haben in der Kindheit jedoch erfahren, dass ihre Bedürfnisse vorwiegend unter bestimmten Umständen erfüllt wurden. Daraus haben sie unbewusste Regeln oder Pläne abgeleitet. Diese sind vielfach als »Ich muss …«- oder »Ich darf nicht …«-Sätze in ihnen abgespeichert.

Beispiele dafür wären:

- »Ich muss immer alle Erwartungen erfüllen.«
- »Ich darf keine Fehler machen.«
- »Ich muss perfekt sein.«
- »Ich darf nicht widersprechen.«
- »Ich muss stark sein.«
- »Ich muss mich immer nützlich machen.«
- »Ich muss immer für andere da sein.«
- »Ich muss mich unterordnen.«
- »Ich darf nichts für mich tun.«
- …

Wenn wir solche »Ich muss«- und »Ich darf nicht«-Überzeugungen bei uns selbst identifizieren, ist es sehr hilfreich, sich zu fragen: »Was befürchte ich denn, wenn ich dem nicht nachkomme?«

Vielleicht merken wir, dass wir in unserer Kindheit gelernt haben: »Wenn ich widerspreche, dann tickt mein Vater aus«, »Nur wenn ich erfolgreich bin, werde ich geliebt« oder »Wenn ich etwas für mich tue, dann finden die anderen mich egoistisch und wenden sich von mir ab«.

Wie Kindheitserfahrungen den Umgang mit den eigenen Kindern prägen

Andrea, die Mutter im obigen Beispiel, erkannte, dass sie in ihrer eigenen Kindheit zwar einen recht guten Draht zu ihren Eltern hatte, diese aber beruflich enorm eingespannt waren. Im Alltag mit ihren vier Geschwistern wurde sie wenig gesehen und häufig übergangen.

Nachts habe sie im großen Haus oft Angst gehabt und nach Mama und Papa gerufen, aber niemand sei gekommen. Und wenn sie heute als Erwachsene den Eindruck hat, nicht beachtet zu werden, sind all die alten Gefühle mit voller Wucht wieder da: die Einsamkeit, die Trauer, die Angst, die Scham. Das geht ihr nicht nur mit den Kindern so, sondern auch in Sitzungen im Beruf.

Matthias hingegen triggert die Unzufriedenheit seiner Kinder: »Da nehme ich mir am Wochenende extra Zeit, plane einen Ausflug und will, dass alle Spaß haben: und morgens kommen die Kinder nicht in die Gänge, ziehen im Auto eine Schnute, die Kleine nölt herum.« Dann packt ihn der Zorn. Er wird laut, wirft den Kinder vor, undankbar zu sein, und erwartet, dass sie sich zusammenreißen. Wenn die Kleinen nicht sofort einlenken, fühlt er sich ohnmächtig und würde sie am liebsten an Ort und Stelle stehen lassen.

Der Rückblick in seine Biografie offenbart, dass er als Kind immer den Eindruck hatte, zu kurz zu kommen. Die eigenen Eltern erlebte er als fordernd, streng und distanziert. Oft fühlte er sich gegenüber seinen Klassenkameraden minderwertig, weil sich die Familie nur wenig leisten konnte. Noch immer hallen die mahnenden Worte seiner Eltern nach: »Im Leben wird dir nichts geschenkt!« oder »Sei gefälligst dankbar für das, was du hast. Anderen geht es viel schlechter!«.

Nun bietet Matthias seinen Kindern so vieles, was er früher selbst vermissen musste, und trotzdem scheint er sie nicht »zufriedenstellen zu können«, damals wie heute »genügt er scheinbar nicht«.

Was uns die Spurensuche bringt

Oft tut es Menschen weh, wenn sie erkennen, wie sie »für die eigenen Eltern sein mussten«, um akzeptiert zu werden, welche eigenen Bedürfnisse verletzt oder missachtet wurden und welche Glaubenssätze sich eingebrannt haben. Dies kann uns aber auf einen produktiven Pfad führen: Wir können uns bewusst machen, dass wir häufig auf unsere bisherige Lebensgeschichte reagieren – und nicht auf das momentane Außen. Und wir können mehr Mitgefühl mit uns und Fürsorge für uns selbst entwickeln für die Momente, die uns tiefer treffen als andere.

Vielleicht hast du Lust, eine der folgenden Übungen auszuprobieren? Achte darauf, welche zu dir passen. Einige sprechen eher den Kopf an, andere die Gefühlsebene, führen aber alle zu einem ähnlichen Ergebnis.

Übung: Schenk dir Selbstmitgefühl

Im ersten Kapitel hast du erfahren, wie wertvoll es ist, wenn wir als Eltern bei uns beginnen und uns selbst mit Mitgefühl begegnen. Studien zeigen, dass Selbstmitgefühl nicht nur die Stressbelastung der Eltern reduziert, sondern auch zu einem liebevolleren Umgang mit den Kindern beiträgt (Neff & Faso, 2015; Gouveia, Carona, Canavarro und Moreira, 2016).

Aber wie können wir das umsetzen? Die Psychologin Kristin Neff forscht seit vielen Jahren zu diesem Thema und schlägt drei Schritte vor, die uns in herausfordernden Situationen helfen können. Sehen wir uns diese anhand von Andreas Beispiel an. Für sie war es ein Augenöffner, festzustellen, dass sie im Zusammenleben mit ihren Kindern häufig nicht auf die aktuelle Situation reagiert, sondern auf eine eigene Kindheitsprägung. Insbesondere Momente, die in ihr den Glaubenssatz »Du bist nicht wichtig!« aktivierten, brachten sie aus der Fassung. Da sie als Kind häufig erleben musste, dass sie in schwierigen Momenten alleine war, ist es für sie wertvoll, sich diese fehlende Zuwendung heute selbst zu schenken. Wenn sie spürt, dass sie wieder einmal von starken Gefühlen übermannt wird, nimmt sie sich einen Moment für sich und geht in Gedanken die folgenden Schritte durch:

1. **Nimm wahr, was ist:**
   »Jetzt fühlst du dich wieder so einsam und unzulänglich und redest dir ein: *Du bist nicht wichtig! Niemand hört dich!*«.

2. **Verbinde dich mit der Welt:**
   »Es gibt viele Menschen, die sich oft einsam und ungesehen fühlen. Du bist nicht alleine.«

3. **Behandle dich wie eine gute Freundin:**
   »Dass deine Tochter abgelenkt war, trifft gerade einen wunden Punkt bei dir. Das macht dir zu schaffen. Was würde dir jetzt guttun?«

Jeder Schritt für sich entlastet und bringt uns weiter.

Wenn wir unsere Gefühle achtsam wahrnehmen, zulassen und innerlich in Worte fassen, signalisieren wir: »Was du fühlst, ist in Ordnung und wichtig.« Gerade wenn man in der eigenen Kindheit erlebt hat, dass man »kein Theater machen soll«, »gar nicht wütend zu sein braucht« oder »nicht so eine Heulsuse sein soll«, ist es heilsam, wenn man sich heute selbst gestattet, auch unangenehmen Empfindungen Raum zu geben.

Wie bereits beschrieben, haben wir unsere negativen Glaubenssätze oft in Situationen erworben, in denen wir uns von geliebten Menschen abgelehnt, bloßgestellt oder ungeliebt fühlten. Ähnelt eine heutige Situation solchen Erfahrungen aus der Kindheit, fühlen wir uns oft alleingelassen, schwach und klein. Verbundenheit wirkt wie ein Gegenmittel. Sobald wir uns bewusst machen, dass das, was wir gerade erleben, eine zutiefst menschliche Erfahrung ist, empfinden wir uns wieder als Teil einer Gemeinschaft. Diese Verbundenheit kann sich nicht nur durch einen inneren Monolog einstellen, sondern auch im Gespräch mit vertrauten Menschen, in einer Selbsthilfegruppe, einem Coaching oder einer Psychotherapie.

Wird Andrea von ihrer Tochter vermeintlich ignoriert, geht sie innerlich hart mit sich ins Gericht. Sie sagt sich: »Du zählst nicht! Du fällst nur zur Last! Du bist nicht wichtig!« Niemals würde sie so etwas in diesem Ton zu anderen sagen! Sobald sie sich vorstellt, wie eine gute Freundin zu ihr sprechen würde, wird sie liebevoller, weicher, ermutigender.

Manchmal befürchtet man, dass ein mitfühlender Umgang mit sich selbst bedeutet, dass man eigene Fehler negiert, Ausflüchte sucht und Probleme nicht anpackt. Interessanterweise zeigt die Forschung das Gegenteil: Menschen, die sich selbst mit Mitgefühl begegnen, können Fehler besser zugeben, gehen Schwierigkeiten aktiver an und haben eher den Kopf frei, um Lösungen zu finden und sich auf andere einzulassen (Neff, 2022; 2012).

Übung: Ab und zu gründlich ausmisten

Glaubenssätze bilden sich überwiegend in den ersten Lebensjahren aus. Oft tragen wir sie für den Rest des Lebens mit uns herum. Die meisten Menschen haben einige spezifische Lebensthemen, die immer wieder zu Problemen führen: Wer glaubt, perfekt sein zu müssen, wird sich oft unzulänglich und wertlos fühlen – und sich früher oder später verausgaben. Wer einen Glaubenssatz wie »Ich darf nicht widersprechen« oder »Ich muss immer auf andere Rücksicht nehmen« verinnerlicht hat, wird sich in Beziehungen unterordnen und läuft Gefahr, dominante und egoistische Partnerinnen und Partner anzuziehen. Die Überzeugung, stets stark sein und alles alleine schaffen zu müssen, kann zu Entfremdung und Überforderung führen.

Es lohnt sich, im Erwachsenenalter eine Inventur des eigenen Innenlebens vorzunehmen und sich zu fragen: Welche Glaubenssätze wirken noch heute in mir? Welche davon bestärken mich? Und welche ziehen mich herunter?

Letzteren können wir mit einer wirksamen Strategie aus der kognitiven Verhaltenstherapie zu Leibe rücken: der »kognitiven Umstrukturierung«. Dabei setzen wir uns bewusst mit unseren Gedanken auseinander, hinterfragen sie und suchen aktiv nach neuen, gesünderen Ansichten.

Und so kannst du vorgehen:

Schreibe einen Glaubenssatz auf, der dich belastet.

Nun prüfst du diesen Satz auf Herz und Nieren:

- Woher kommt diese Ansicht?
- Hilft mir dieser Gedanke, mich so zu fühlen und so zu reagieren, wie ich das gerne möchte?
- Stimmt dieser Satz (heute noch)? Gibt es Beweise dafür? Welche Gegenbeweise könnte ich ins Feld führen?
- Ist diese Forderung überhaupt realistisch?

- Was würden Menschen, die ich liebe und die mir wichtig sind, zu dieser Überzeugung sagen?
- Wie sähe mein Alltag aus, wenn ich diesen Glaubenssatz loslassen könnte?
- Wie könnte eine realistischere, hilfreichere Überzeugung lauten?

Sehen wir uns dazu ein Beispiel an:
Zweifachmama Katarina ist andauernd erschöpft. Die Angebote ihres Partners und Umfelds, sich auszuruhen, Verantwortung abzugeben oder ihr Engagement in diversen Vereinen etwas zurückzunehmen, schlägt sie aus. Sie empfindet solche Vorschläge beinahe als Angriff. In einem Coaching erkennt sie, dass sie ihr Selbstwertgefühl fast gänzlich aus der Erfahrung zieht, gebraucht zu werden und für andere nützlich zu sein.

Sie notiert für sich den belastenden Glaubenssatz:
»Ich muss immer für andere da sein!«

Auf die oben gestellten Fragen antwortet sie wie folgt:
Woher kommt diese Ansicht?
»Ich war die Älteste von fünf Kindern. Meine Mutter war gesundheitlich angeschlagen, sodass ich schon früh mit anpacken und meine Geschwister mitversorgen musste. Oft habe ich von Mutti gehört, dass sie es ohne mich nicht schaffen würde. Das waren eigentlich die einzigen Momente, in denen ich richtige Zuwendung bekommen habe. Irgendwie steckt dieser Glaube fest in mir, dass ich nur dann wertvoll bin, wenn ich mich für andere nützlich mache und immer für sie da bin.«

Hilft mir dieser Gedanke, mich so zu fühlen und so zu reagieren, wie ich das gerne möchte?
»Auch heute gibt es mir ein gutes Gefühl, wenn ich für andere da bin. Ich mag es, wenn bei mir alle Fäden zusammenlaufen. Wenn andere sagen, ›Wow! Was du alles schaffst!‹, schmeichelt mir das sehr. Aber in letzter Zeit bin ich zu oft müde und erschöpft. Und es gibt immer wieder Streit, bei dem mir mein Partner vorwirft, dass ich nicht nein sagen kann und mich um alles andere kümmere, nur nicht um mich und uns. Unseren älteren Sohn nervt es auch oft, wenn ich ihm eigentlich nur helfen will. Teilweise wird er richtig aggressiv und schnauzt mich an: ›Jetzt lass mich einfach mal in Ruhe! Du musst dich nicht überall einmischen! Das ist meine Sache! Ich bin kein Baby mehr.‹«

Stimmt dieser Satz (heute noch)? Gibt es Beweise dafür? Welche Gegenbeweise könnte ich ins Feld führen?
»Natürlich ist es mir wichtig, für meine Familie und Freunde da zu sein. Aber dieses ›Müssen‹ und das Gefühl, nur durch Hilfe für andere wertvoll zu sein, stimmt eigentlich nicht. Vor allem diejenigen, die mir am nächsten stehen, zeigen mir sehr deutlich, dass sie das nicht erwarten und auch nicht wollen. Und mich nervt es ja auch, wenn sich meine Schwiegermutter bei der Familienfeier bis zur Erschöpfung um alle kümmert, sich aber partout nicht helfen lässt, und sich dann darin sonnt, dass sie den Laden alleine schmeißt.«

Was würden Menschen, denen ich wichtig bin, zu dieser Überzeugung sagen?
»Wer dich wirklich liebhat, der möchte, dass es dir gut geht. Du bist schon lange dauernd erschöpft und gereizt. Das nützt auch niemandem … Wenn du ständig im Helfermodus bist und dich aufopferst, kannst du ja gar nie erleben, dass andere Menschen dich auch aus anderen Gründen mögen und schätzen.«

Wie sähe mein Alltag aus, wenn ich diesen Glaubenssatz loslassen könnte?
»Ich wäre immer noch ein Mensch, der sich gerne einbringt und für andere da ist. Aber wenn ich den Glaubenssatz loslassen könnte, dann müsste ich nicht immer reflexartig meine Hilfe aufdrängen, sondern dürfte selbst entscheiden, wann ich das will. Das würde mir Luft verschaffen, ich könnte mich erholen. Mir und unserer Familie würde das guttun.«

Wie könnte eine realistischere, hilfreichere Überzeugung lauten?
»Anstatt mir einzureden, dass ich immer für andere da sein muss, könnte ich mir sagen: Ich möchte langfristig gesund und zufrieden bleiben – für mich selbst und die Familie. Ich darf entscheiden, wann ich für andere da sein möchte und wann ich für mich selbst sorge.«

In einem letzten Schritt reflektiert Katarina, in welchen Alltagssituationen sie am stärksten dazu neigt, unbedacht Hilfe anzubieten, ja zu sagen und sich für andere zu verausgaben. Sie überlegt sich, wie sie sich in diesen Momenten zukünftig an ihren neuen Glaubenssatz erinnern und entsprechend handeln könnte. Es braucht Zeit, Geduld, Übung und Nachsicht mit sich selbst, um tiefsitzende Glaubenssätze aufzuspüren und zu verändern. Manchmal hilft dabei ein gutes Buch wie Gitta Jacobs *Raus aus Schema F*, Felizitas Ambauens und Sabine Meyers *Beziehungskosmos. Eine Anleitung zur Selbsterkenntnis* oder Stefanie Stahls *Das Kind in dir muss Heimat finden*. Bei hartnäckigeren Überzeugungen kann ein Coaching oder eine Psychotherapie Entlastung bringen.

Vielleicht willst du die oben genannten Fragen aber zunächst für dich selbst durchgehen. Als kleine Hilfestellung findest du in der folgenden Tabelle typische negative Glaubenssätze und ihr Gegenstück:

Negativer Glaubenssatz	**Mögliche Erkenntnis**	**Hilfreiche Überzeugung**
»Ich muss alles perfekt machen!«	Es ist schön, wenn man ein gutes Ergebnis erzielt. Aber es ist nicht möglich, immer alles fehlerfrei und herausragend zu erledigen. Oft mag ich selbst Menschen mit so hohen Ansprüchen nicht einmal!	Ich darf ein gutes Ergebnis anstreben. Aber ich darf auch Fehler machen oder eine Aufgabe nur »gut genug« erledigen.
»Ich muss stark sein.«	Ich bin nicht wirklich stark, wenn ich keine Gefühle zulasse, alles mit mir alleine ausmache und keine Hilfe annehme.	Es zeugt von Stärke, wenn ich mir eingestehe, dass ich Hilfe brauche und sie auch annehmen kann.
»Ich komme zu kurz!«	Ja, ich bin als Kind oft zu kurz gekommen, und das war sehr schmerzhaft für mich. Auch heute läuft es oft nicht so, wie ich mir das wünsche. Das kommt aber auch daher, dass ich nie wirklich sage, was ich will und brauche – und erwarte, dass die anderen mir alles von den Augen ablesen.	Ich darf sagen, was ich mir wünsche und was ich brauche. Nur so haben andere Menschen auch die Chance, darauf zu reagieren. Und ich darf mir selbst Gutes tun und etwas gönnen!

Übung: Gutes bewahren

Wenn wir uns mit negativen Glaubenssätzen beschäftigen, können Ressentiments den eigenen Eltern gegenüber auftreten. Wir sehen ihre »Fehler« wie unter einer Lupe und werden uns bewusst, dass einige Probleme, unter denen wir heute leiden, auf die Art und Weise zurückzuführen sind, wie wir erzogen wurden.

Manchmal entwickeln wir dabei einen Tunnelblick und nehmen nicht mehr wahr, wie viele hilfreiche, lebensbejahende und stärkende Überzeugungen uns unsere Eltern mitgegeben haben. Es ist für unsere Weiterentwicklung und unseren Umgang mit den Kindern mindestens genauso wertvoll, wenn wir uns damit auseinandersetzen.

Frage dich:

- Welchen Bedürfnissen konnten deine Bezugspersonen besonders gut Rechnung tragen?
- Durftest du erleben, dass du autonom sein und dadurch deine persönliche Haltung entwickeln sowie eigene Meinungen vertreten durftest?
- Hast du von deinen Eltern Liebe und Unterstützung erfahren und daraus die Überzeugung entwickeln können, dass du liebenswert und wertvoll bist?
- Haben deine Eltern deine Stärken wahrgenommen und gefördert und dir dadurch vermittelt, dass du etwas kannst?
- Sind sie dir bei Schwierigkeiten und Niederlagen zur Seite gestanden und haben dir dadurch gezeigt, dass du immer auf jemanden zählen kannst?
- Haben sie dir Tugenden vorgelebt, die du übernehmen konntest?

Francesco erzählt:
Mein Vater war eher autoritär. Er hat viel erwartet und ich hatte oft das Gefühl, nicht gut genug zu sein. Für ihn war klar, dass ich später studieren soll – am besten Medizin. Als Kind hat mich das total unter Druck gesetzt, als Jugendlicher habe ich dagegen rebelliert und als junger Erwachsener habe ich versucht, meinen Vater stolz zu machen. Während des Medizinstudiums hatte ich massive Prüfungsängste und dauernd das Gefühl, ich könnte ihn enttäuschen. Erst in einer Therapie konnte ich mich davon befreien.

Das möchte ich bei meinen Kindern mit Sicherheit anders machen. Auf der anderen Seite durfte ich sehr viel Liebe erfahren. Mein Vater ist mit 20 Jahren aus Italien in die Schweiz gezogen. Er ist blitzgescheit, hat aber jahrzehntelang in einer Fabrik gearbeitet, weil er keinen entsprechenden Lehrabschluss hatte und als Migrant keine bessere Anstellung fand. Er wollte unbedingt, dass ich es mal besser habe. »Willst du später in die Fabrik?«, war sein Standardspruch bei schlechten Noten. Heute ist mir bewusst, wie viele Überstunden er gemacht hat, um mir das Studium zu finanzieren, wie lange er an den verhassten Maschinen stand, damit ich später bei meiner Arbeit mehr Erfüllung finde.

Er selbst hatte keine leichte Kindheit, wurde von seinen Eltern oft geschlagen. Wenn ich daran denke, was er selbst erlebt hat, rechne ich es ihm hoch an, dass er mich nie geschlagen und nur selten geschimpft hat. Auch als ich als Jugendlicher rebelliert habe, hat er mir immer gezeigt, dass ich ihm wichtig bin und er mich ernst nimmt.

Meine Eltern waren vielleicht nicht immer besonders geschickt darin, ihre Liebe zu zeigen, aber ich durfte viele hilfreiche Überzeugungen und Werte aus meiner Kindheit mitnehmen.

Zum Beispiel:

- *Die Familie ist wichtig und hält zusammen.*
- *Man kann über eine schwierige Kindheit hinauswachsen und es »besser« machen.*

- *Meine Meinung zählt.*
- *Mit Fleiß und Disziplin lässt sich vieles erreichen.*
- *Man kann auch bei Konflikten miteinander verbunden bleiben.*

Meinen eigenen Kindern möchte ich viele dieser Ansichten und Werte weitergeben. Gleichzeitig möchte ich darauf achten, dass meine Liebe im Alltag besser spürbar ist und sie weniger um meine Gunst kämpfen müssen. Ich glaube, wenn wir uns bewusst machen, was gut und hilfreich war in unserer Kindheit und wo wir mit unserem Kind noch etwas liebevoller umgehen möchten, dann kann es jede Generation ein bisschen besser machen als die davor. Das wird hoffentlich auch bei meinen Kindern so sein, falls sie mal Eltern werden.

Jetzt bist du dran!

Wofür bist du deinen Eltern dankbar? Welche Werte, Tugenden und hilfreichen Überzeugungen durftest du aus deiner Kindheit mitnehmen?

Am besten schreibst du dir deine Antworten auf. Besonders hilfreich ist diese Übung, wenn du mehrmals darauf zurückkommst und vielleicht über einige Wochen hinweg jeweils am Sonntag kurz darüber nachdenkst. Dabei wird dir immer mehr einfallen, wofür du deinen Eltern dankbar bist – und was du an deine Kinder weitergeben möchtest.

Wut, Angst und Trauer haben keinen Ausschaltknopf

Viele Erwachsene gehen zur Psychotherapie, um wieder Zugang zu ihren Gefühlen zu finden. Sie müssen wieder lernen, wütend zu sein und für sich einzustehen, anstatt mit psychosomatischen Beschwerden zu reagieren. Trauer zuzulassen, anstatt sich leer und abgestumpft zu fühlen, Ängste wahrzunehmen, auszudrücken und sich ihnen zu stellen, anstatt in einem diffusen Nebel permanenter Sorge alles zu vermeiden, was mit Unsicherheiten behaftet ist.

Erwachsene, die als Kind gelernt haben, Gefühle zuzulassen, wahrzunehmen, zu benennen und einzuordnen, haben es im Leben deutlich leichter als Menschen, denen man nahegebracht hat, ihre Gefühle zu unterdrücken, sich permanent abzulenken oder sich dafür zu schämen.

Damit Kinder Ersteres lernen können, benötigen sie Erwachsene, die zur Empathie fähig sind. Kaum etwas stärkt das Selbstwertgefühl und das Urvertrauen so stark wie die Erfahrung: Meine Eltern und Bezugspersonen nehmen mich auch dann an und haben mich lieb, wenn ich von schwierigen Gefühlen mitgerissen werde.

Sich in die eigenen Kinder einzufühlen ist aber anspruchsvoller, als wir erwarten. Und oft gelingt es uns genau dann nicht, wenn es unsere Kinder am meisten bräuchten.

Verschiedene Gründe können uns daran hindern, uns im Gefühlsstrudel mit unserem Kind zu verbinden.

Ich will, dass du glücklich bist!

Leider spricht man bei Wut, Angst und Trauer noch immer von negativen Gefühlen. Kein Wunder, dass wir sie den Menschen, die wir lieben, gerne ersparen möchten. Wir halten es kaum aus, unsere geliebten Kinder so traurig, enttäuscht, beschämt, hilflos oder wütend zu sehen, und möchten diese Empfindungen am liebsten »gleich wegmachen« – für unsere Kinder und uns selbst.

Dabei verhalten wir uns teilweise taktlos: Unser Kind wird gemobbt oder fühlt sich von anderen zurückgewiesen und wir kommen ihm mit Plattitüden: »Das muss dich doch nicht interessieren, was die anderen denken!«, »Die sind doch nur neidisch!«, »Du musst dich halt wehren!«.

In anderen Situationen kommen uns Sätze über die Lippen wie: »Deswegen brauchst du doch nicht traurig zu sein«, »Du musst gar nicht wütend werden! Jetzt komm wieder runter!« oder »Das muss dir keine Angst machen«.

Mit solchen Forderungen blockieren wir höchstens den Ausdruck eines Gefühls – sie machen das, was ein Kind empfindet, nicht ungeschehen. Aber sie führen das Kind in die Einsamkeit. Je häufiger wir einander signalisieren, dass bestimmte Gefühle keinen Platz haben, desto mehr entfremden wir uns voneinander. Gleichzeitig vermitteln wir dem Kind: »Du kannst deiner Wahrnehmung und deinen Gefühlen nicht trauen. Sie stimmen nicht. Sie sind übertrieben und falsch.« Diese Botschaft kann dazu führen, dass man sich im Erwachsenenleben nicht mehr zugesteht, Emotionen als wichtige Signale zu betrachten, denen wir nachgehen müssen.

Als Eltern können wir uns vergegenwärtigen, dass unsere Kinder ein Recht auf all ihre Gefühle haben – auch die unangenehmen. Und wir dürfen uns bewusst machen, dass Glück vor allem daher rührt, dass wir in schwierigen Momenten Menschen an unserer Seite wissen, die sich auf uns einlassen und bei uns sind. Wenn Kinder erfahren, dass sie auch mit unangenehmen Gefühlen willkommen sind und angenommen werden, gelingt es ihnen immer besser, mit Angst, Wut und Trauer umzugehen.

Ich habe selbst nie gelernt, mit diesem Gefühl umzugehen

Manchmal merken wir, dass wir mit bestimmten Gefühlen besser zurechtkommen als mit anderen. Wir können unser Kind durch die Wut begleiten, halten aber Trauer kaum aus. Oder wir können unser Kind verstehen, wenn es eifersüchtig ist, sind aber blockiert, wenn es über Einsamkeit klagt.

Wie wir in den bisherigen Kapiteln bereits beschrieben haben, spielen dabei unsere eigenen Kindheitsprägungen eine wichtige Rolle. Emotionen, die uns bei unserem Kind aus dem Konzept bringen oder stark herausfordern, können wir unter diesem Aspekt betrachten und uns fragen:

»Ist es meinen eigenen Eltern gelungen, so mit diesem Gefühl umzugehen, dass ich mich sicher, geborgen und begleitet gefühlt habe?«

Welche Gefühle waren für deine Bezugspersonen schwierig auszuhalten und hatten deshalb wenig Platz? Welche musstest du unterdrücken, weil sie als unangebracht oder moralisch verwerflich galten? Welche mussten vermieden oder verleugnet werden, weil deine Bezugspersonen nicht mit ihnen umgehen konnten?

Vielleicht fällt dir auf, dass bestimmte Gefühle in deinem Leben bisher ein Schattendasein gefristet haben. Aber wir dürfen uns zugestehen, auch als Erwachsene noch freier zu werden und unser emotionales Spektrum zu erweitern. Besonders lebendig beschreibt Carl Rogers diese Haltung gegenüber sich selbst in seinem Buch *Die klientenzentrierte Gesprächspsychotherapie* (1975, S. 22): »Ich bin zu der Überzeugung gelangt, dass ich jeder Facette meines Erlebens und mir selbst Wert zuspreche. Gerne würde ich meine Gefühle horten: Ärger, Zärtlichkeit, Scham, Verletztsein, Liebe, Angst, Hingabe und Furcht. Gerne würde ich meine Ideen aufbewahren – töricht, schöpferisch, bizarr, gesund, trivial –, alle ein Teil von mir. Ich mag meine Verhaltensimpulse: angemessen, närrisch, leistungsorientiert, sexuell, destruktiv. Ich möchte alle diese Gefühle, Ideen und Impulse als einen bereichernden Teil meines Selbst akzeptieren. Sicher werde ich mich nicht von jedem zu einer Handlung bestimmen lassen, aber wenn ich sie alle akzeptiere, dann kann ich in höherem Maße echt sein.«

Ich will mich nicht schuldig fühlen

Auch Eltern, die sonst sehr einfühlsam reagieren, können Gefühle ihres Kindes zum Teil dann nicht aushalten, wenn diese bei ihnen Schuldgefühle erzeugen.

Vielleicht war es für einen selbst die richtige Entscheidung, sich scheiden zu lassen, und man hat viele gute Gründe für diesen Schritt. Das Kind wird trotzdem darunter leiden. Wahrscheinlich ist es traurig, dass die Eltern nicht mehr zusammen sind, vielleicht hat es Angst, dass es auch verlassen wird, oder ist wütend, dass Mama und Papa es nicht geschafft haben, ihre Konflikte zu lösen.

Oder die Eltern haben für sich gute Gründe gefunden, um ihr berufliches Arbeitspensum aufzustocken und ihr Kind häufiger extern betreuen zu lassen. Das Kind kann trotzdem traurig sein, weil es die Eltern vermisst, frustriert, weil es sich abgeschoben fühlt, müde und erschöpft, weil es am Mittagstisch und in der außerschulischen Betreuung zu wenig Rückzugsmöglichkeiten findet.

Insbesondere in solchen Situationen empfinden Eltern die Gefühle ihrer Kinder oft als Kritik an der eigenen Lebensführung. Um Schuldgefühle abzuwehren, begründen sie ihre Entscheidung dem Kind gegenüber: »Wir haben uns doch sowieso nur noch gestritten. So ist es besser für alle.« Oder: »Wir nehmen uns dafür am Wochenende Zeit und unternehmen etwas Schönes.«

Doch damit signalisiert man dem Kind: Deine Gefühle sind für uns eine Belastung. Sie sind nicht angemessen und wir erwarten von dir, dass du anders empfindest.

Kinder reagieren teilweise sehr sensibel auf diese Signale. Sie hören auf, den Eltern anzuvertrauen, wie es ihnen geht. Vielleicht ziehen sie sich zurück, werden aggressiv oder suchen Trost und Verständnis im Freundeskreis oder bei anderen Erwachsenen.

In solchen Situationen ist es wichtig, dass wir zwischen den Gefühlen des Kindes und unseren Begründungen für das eigene Handeln unterscheiden. Wir können uns beispielsweise innerlich verdeutlichen: Es war richtig, sich zu trennen – und unser Kind darf deswegen traurig, verunsichert und zornig sein.

Wenn wir aufhören, die Gefühle des Kindes zu bekämpfen und sie stattdessen annehmen, entsteht wieder Nähe. Das löst nicht alle Probleme, aber es verhindert, dass das Kind mit seinen Sorgen alleine gelassen wird. Dazu reicht manchmal die einfache Aussage: »Ich sehe, dass du es gerade schwer hast.«

Ich weiß nicht, was ich tun soll

Manche Eltern sind ziemlich gut im Problemlösen. Sie finden auf fast jede Frage eine Antwort, für beinahe jede Schwierigkeit in ihrem Leben eine Lösung. Wenn es nun aber darum geht, eine belastende Situation zu akzeptieren oder gemeinsam auszuhalten, verfallen sie in Hilflosigkeit.

Rasch fallen dann Sätze wie »Es nützt ja nichts, darüber zu reden – wir können es eh nicht ändern« oder »Dafür habe ich leider auch keine Lösung«.

Es kann uns und unseren Kindern helfen, wenn wir den Druck von uns nehmen, für alles sofort einen Ausweg finden zu müssen.

Manchmal entlastet es bereits, wenn jemand die Hilflosigkeit mit aushält oder sagt: »Ich weiß gerade nicht, was ich für dich tun kann, aber ich bin da.«

Eine Liebeserklärung an die Wut

Wie können wir unseren Kindern auch bei intensiven Gefühlen zugewandt bleiben und sie begleiten? Gerne möchten wir uns dieser Frage anhand einer Emotion nähern, die den meisten Eltern Schwierigkeiten bereitet: die Wut.

Wann warst du das letzte Mal so richtig zornig auf jemanden? Und wie bist du mit diesem Gefühl umgegangen? Bist du laut geworden und hast Dinge gesagt, die du hinterher bereut hast? Hast du deinen Ärger heruntergeschluckt und so getan, als wäre nichts? Oder ist es dir gelungen, konstruktiv mit deiner Wut umzugehen? Und wie sieht das überhaupt aus?

Wut hat unter uns Eltern einen schweren Stand. Wenn der Ärger in Kindern hochkocht, löst das bei Erwachsenen eine ganze Palette unangenehmer Emotionen aus. Vielleicht fühlen wir uns hilflos, weil das Kind Grenzen übertritt und überhaupt nicht mehr auf uns reagiert. Vielleicht schämen wir uns für das »Theater«, das sich hier vor den Augen anderer abspielt, und hinterfragen unsere Erziehungskompetenz. Oder wir bekommen es mit der Angst zu tun: »Was ist mit meinem Kind los? Wenn er das nicht in den Griff kriegt, sehe ich schwarz. Ich will ihn dann mit 16 nicht auf der Polizeiwache abholen müssen!« Vielleicht löst die Reaktion des Kindes aber auch komplettes Unverständnis aus: »Jetzt komm mal wieder runter! Es gibt keinen Grund, wegen so einer Kleinigkeit auszuflippen!« Oder das Kind steckt uns an und wir geraten selbst in Rage.

Rasch engt sich das Sichtfeld ein und man will die Wut des Kindes so schnell wie möglich abstellen: »Schluss jetzt! Ich will nichts mehr hören! Geh auf dein Zimmer, bis du dich beruhigt hast!«

Wie ist deine Ursprungsfamilie mit Wut umgegangen?

Mit der eigenen Wut oder derjenigen der Kinder zurechtzukommen, ist besonders dann schwierig, wenn wir Bezugspersonen hatten, die ihrem Ärger freien Lauf ließen oder diesen unterdrückten.

> Christina erinnert sich:
> *Mein Vater war ein echter Choleriker. Schon Kleinigkeiten konnten ihn zum Ausrasten bringen. Man wusste nie, wann er das nächste Mal explodiert. Wir Kinder mussten ständig auf der Hut sein, damit wir ihm keinen Anlass boten. Unsere Mutter musste ihn dauernd beschwichtigen, ihm jeden Wunsch von den Augen ablesen. Ihren eigenen Frust hat sie in sich reingefressen. Ich habe mir geschworen, dass ich nie so mit meinen Kindern umgehen werde.*

Wir können uns gut vorstellen, wie sehr die Wut ihres Sohnes Christina in Alarmbereitschaft versetzt. Wenn Lenny tobt, gerät sie in Panik: Auf keinen Fall darf er auch so ein Choleriker werden! In Wut und Ärger stecken für sie so viel Schädliches und Bedrohliches, dass sie sich von diesem Gefühl komplett distanzieren will.

Wut hat eine wichtige Funktion

Wir alle werden wütend. Und zwar immer dann, wenn etwas nicht so gelaufen ist, wie wir es für richtig empfunden hätten. Für die Zweijährige kann das »falsch geschnittene« Brot zum Anlass werden, für die Jugendliche der Umgang der Gesellschaft mit unserem Planeten und für den Erwachsenen der Drucker, der das dringend benötigte Dokument nicht ausspucken will.

Der Ärger nimmt noch zu, wenn wir gestresst, erschöpft oder hungrig sind und den Eindruck haben, dass eine andere Person uns mit Absicht behindert, geringschätzt oder uns schaden will.

Wenn wir unsere Wut herunterschlucken, machen wir uns taub für die Empfindung, dass etwas nicht so ist, wie es aus unserer Sicht sein sollte. Wir nehmen nicht mehr wahr, wenn jemand unsere Grenzen verletzt, verlieren den Blick für unsere eigenen Bedürfnisse und sind nur noch damit beschäftigt, andere zufriedenzustellen.

Wut kann eine produktive Kraft sein, die es uns erlaubt, für uns einzustehen, etwas zu verändern, uns aus toxischen Beziehungen zu lösen, uns gegen Ungerechtigkeiten zu wehren und anderen Menschen anzuzeigen: »Hier beginne ich! Hier ist meine Grenze und ich verlange, dass du sie respektierst!«

Um die konstruktive Kraft des Ärgers für uns nutzen zu können, müssen wir diesen zulassen und genauer betrachten können. Die Psychologin und Autorin Marcia Reynolds (2019) rät dazu, dass wir an eine Situation denken, die uns wütend gemacht hat, und uns überlegen: »Was war nicht so, wie es meiner Ansicht nach hätte sein sollen? Was hätte ich mir gewünscht? Respekt? Verständnis? Anerkennung? Gerechtigkeit? Ruhe?«

Nun können wir uns fragen: Hilft mir die Wut, mich für mich und meine Bedürfnisse einzusetzen, oder wäre es besser, sie loslassen zu können?

Um uns von der Wut zu lösen, können wir die Situation neu bewerten. Vielleicht wird uns bewusst, dass wir überreagiert haben, und können unserem Gegenüber verzeihen? Vielleicht merken wir, dass wir zu viel von unserem Kind erwartet haben, und können nachsichtiger mit ihm sein? Oder wir können eine gute Absicht hinter dem Verhalten erkennen, das uns geärgert hat? Wenn wir die Situation in einem neuen Licht betrachten, ändern sich auch unsere Gefühle (siehe dazu auch die Übung *Nimm das Beste an!* auf Seite 16).

Manchmal werden wir aber bemerken: Meine Wut ist berechtigt und ich muss für mich eintreten! Dann kann sie zu einem starken Motor werden, um etwas zu verändern.

Letzteres muss und soll nicht auf eine aggressive Art geschehen. Vielleicht sprechen wir das nächste Mal einfach aus, dass wir wütend sind, um dem Gegenüber die Möglichkeit zu geben, darauf zu reagieren. Möglicherweise fordern wir mehr Respekt oder eine Entschuldigung ein, haben den Mut, nein zu sagen und uns abzugrenzen. Oder wir finden neue Wege, um das zu erreichen, was uns wichtig ist.

Mit Wut konstruktiv umzugehen ist eine Herausforderung

Ein reifer Umgang mit Wut beinhaltet, dass wir dieses Gefühl wahrnehmen, zulassen und einordnen können, ohne bedrohlich oder destruktiv zu reagieren. Und dass wir in der Lage sind, hinter die Wut zu schauen, zu verstehen, welche Bedürfnisse verletzt wurden, und wie wir damit umgehen möchten.

Das ist schwierig und stellt für fast alle Erwachsenen eine Herausforderung dar! Kinder können diese Kompetenzen nur in kleinen Schritten entwickeln. Haben wir also Geduld mit ihnen und uns selbst – und machen wir uns auf den Weg, uns mit der Wut zu versöhnen und sie in gute Bahnen zu lenken.

Achtung: versteckte Wutverstärker!

»Vor den Kindern habe ich immer gedacht, ich sei ein relativ ruhiger, ausgeglichener Mensch. Jetzt erkenne ich mich manchmal selbst kaum wieder«, meinte kürzlich eine befreundete Mutter zu mir, Stefanie. Das Elternsein bringt vieles mit sich, das uns schneller in die Ungeduld und Wut treibt: mehr Stress, mehr Verantwortung, weniger Zeit für sich, die eigenen Bedürfnisse und die Partnerschaft, mehr Lärm und Unordnung, Erwartungsdruck von innen und außen, für viele Familien auch finanzielle Engpässe. Und immer wieder Momente, in denen man sich alleingelassen, hilflos oder überfordert fühlt.

Diese Realität steht oft im Widerspruch zum Wunsch, im Umgang mit dem Kind auf Schimpfen, Drohen, Strafen und Schreien zu verzichten. Trotz aller guter Vorsätze schafft man es wieder einmal nicht – und die Schuldgefühle lassen nicht lange auf sich warten.

Es gibt Situationen, Verhaltensweisen der Kinder, die uns auf die Palme bringen. Oftmals wirken in diesen Momenten versteckte »Wut-Verstärker« in uns. Drei dieser Verstärker möchten wir dir nun vorstellen.

»Das macht er doch mit Absicht! Er will mich nur provozieren!«

Wut ist die typische emotionale Reaktion auf eine Situation, in der uns jemand schaden will. Ob uns ein Kind wütend macht, hängt stark davon ab, wie wir sein Verhalten interpretieren.

Angenommen, du rufst dein Kind zum Abendessen und es reagiert nicht: Wie erklärst du dir das? Falls du annimmst, dass dein Kind so vertieft ist in sein Spiel, dass es nichts anderes mitbekommt, wird dich das vielleicht ein wenig nerven. Falls du aber denkst: »Der blendet mich einfach aus! Nie hört er mir zu! Bin ich ihm eigentlich völlig egal?!«, und deinem Kind damit eine böse Absicht unterstellst, wird dich das gleiche Verhalten aus der Haut fahren lassen.

Schießt dir ein Gedanke durch den Kopf wie »Das macht der doch mit Absicht!« oder »Sie will mich nur provozieren!«, kannst du kurz innehalten und dich fragen: »Stimmt das? Welche anderen Erklärungen gäbe es? Ist mein Kind vielleicht müde, hungrig, überreizt oder gelangweilt? War es einfach ungeschickt? Oder mit etwas ganz anderem beschäftigt? Fehlen ihm noch die nötigen Kompetenzen, um anders zu reagieren?«

In den meisten Situationen werden wir erkennen, dass das Kind uns nicht provozieren will – und können einen Teil unseres Ärgers loslassen.

Manchmal kommt man jedoch zu dem Schluss, dass das Kind tatsächlich mit einer gewissen Absicht handelt. In diesem Fall kann man sich, wie bereits erwähnt, fragen, welcher gute Grund hinter dem Verhalten steckt. Wehrt es sich gegen eine empfundene Ungerechtigkeit? Gibt es ungeklärte Konflikte zwischen uns? Fühlt es sich momentan abgelehnt? Sucht es mit seinem Verhalten Kontakt? Oder lässt das Kind einen Frust an mir aus, der sich anderswo angestaut hat, beispielsweise weil es in der Schule gemobbt wird? Solche Überlegungen helfen dabei, sich wieder mit dem Kind zu verbinden. Anstelle von Wut und Empörung kann wieder Verständnis entstehen.

»Du hast deine Kinder überhaupt nicht im Griff!«

»Gute Mütter und Väter, die richtig erziehen, haben ihre Kinder im Griff!«: So platt und altmodisch dieser Satz klingt, wenn man ihn niederschreibt – so tief verankert ist er doch in vielen von uns.

Eine negative Rückmeldung aus der Schule hier, ein »Das hätte es bei uns früher nicht gegeben« aus dem Mund des eigenen Vaters oder der Schwiegermutter da oder ein Gefühlsausbruch des Kindes in der Öffentlichkeit – und schon schämt man sich. Man fühlt sich unzulänglich, glaubt, in der Erziehung zu versagen.

Ohnmacht und Scham sind so unerträglich, dass wir fast reflexartig zum Angriff übergehen: »Das Kind soll jetzt gefälligst spuren – schließlich ist es seine Schuld, dass man jetzt in dieser misslichen Lage steckt!«

Obwohl heute nur noch wenige Eltern absoluten Gehorsam als Erziehungsziel anstreben, messen wir doch oft unbedacht den »Erfolg« als Eltern daran, wie fleißig und angepasst das Kind ist. Mütter und Väter werden beglückwünscht, wenn ihr Kind höflich ist, gute Noten nach Hause bringt und sich beim Besuch der Verwanden zu benehmen weiß. Mit einem Kind, das sich impulsiv, wild, schüchtern oder etwas unselbständig zeigt, erntet man hingegen schnell Kritik: »Kein Wunder, wenn ihr ihr alles abnehmt / ihr alles durchgehen lasst ...«

Dahinter steckt die irrige Überzeugung, dass sich das Verhalten von Kindern auf eine einzige Ursache zurückführen ließe: Ist das Kind in der Schule zu unselbständig, muss es daran liegen, dass die Eltern ihm zuhause alles abnehmen; ist das Kind wild und hibbelig, sorgen die Eltern wahrscheinlich nicht für genügend Bewegung etc.

Natürlich ist es bedeutsam, wie wir mit unseren Kindern umgehen. Aber es ist gefährlich, wenn wir ausblenden, dass immer auch andere Kräfte auf unsere Kinder wirken – beispielsweise ihr angeborenes Temperament oder ihre außerfamiliäre Umgebung. Kinder sind Persönlichkeiten, die wir auf ihrem Weg begleiten können. Beliebig formen und kontrollieren können wir sie nicht.

Gelingt es uns, die Überzeugung loszulassen, dass wir unsere Kinder »im Griff« oder »unter Kontrolle« haben müssen, fallen Schuldgefühle, Scham und Druck zumindest teilweise von uns ab. Das macht es uns leichter, in stressigen Situationen einen kühlen Kopf zu bewahren. Anstatt ärgerlich darauf zu pochen, dass unser Kind »gefälligst spurt«, können wir Lösungen suchen, die zur Situation und seiner Persönlichkeit passen (mehr dazu erfährst du in den nächsten drei Kapiteln).

»Es ist nie genug! Meine Kinder sind so undankbar!«

Viele Eltern wünschen sich heute nichts mehr, als dass ihre Kinder glücklich sind. Man hetzt nach der Arbeit nach Hause, um Zeit für das Kind zu haben, spielt mit ihm, auch wenn man selbst müde ist, unternimmt spannende und kindgerechte Ausflüge und unterstützt es in schulischen Belangen. Man achtet auf eine gesunde Ernährung, ermöglicht ihm seine Hobbys, heitert es auf, wenn es traurig ist, und liest ihm seine Wünsche von den Augen ab. Man studiert Elternratgeber und hinterfragt sich immer wieder, ob man alles richtig macht, während man drumherum den Haushalt schmeißt, sich um die Finanzen kümmert und versucht, selbst halbwegs in Form zu bleiben.

Verständlich, wenn man dann enttäuscht ist, sich vielleicht sogar unfähig fühlt, sofern das Kind nicht dankbar und glücklich genug ist und es mit dem harmonischen Familienleben nicht klappt.

Der Wunsch, seine Kinder glücklich zu machen, kann Eltern ziemlich auslaugen. Das liegt vor allem daran, dass wir den Anspruch haben, Kinder stets zufriedenstellen zu müssen. Plötzlich finden wir uns in der Rolle eines Dienenden, einer Putzkraft, des Familientaxis und eines Wunscherfüllungs-Automaten unserer Kinder wieder. Man gibt und gibt und nie ist es genug.

Die Wut, die daraus entsteht, will uns darauf hinweisen, dass unsere eigenen Bedürfnisse nicht ausreichend berücksichtigt werden. Anstatt das Kind nun immer mehr als Gegner zu betrachten, der unsere Zeit frisst und uns auslaugt, können wir den Blick wieder stärker auf uns selbst richten. Wir dürfen unseren eigenen Energietank im Blick behalten, unseren Kindern mehr zutrauen und zu gewissen ihrer Wünsche nein sagen. Je besser es uns gelingt, uns selbst nicht zu vergessen und eine gesunde Balance zwischen den Bedürfnissen unserer Kinder und unseren eigenen zu schaffen, desto eher können wir aus einem Gefühl der Fülle geben, ohne auf Dankbarkeit zu pochen. Wie du dabei vorgehen kannst, erfährst du im Kapitel *Auch deine Bedürfnisse zählen!* ab Seite 205.

Übung: Versteckten Wutverstärkern auf der Spur

In den letzten Übungen hast du dich mit deinen Glaubenssätzen auseinandergesetzt. Nun wollen wir noch ein wenig genauer verstehen, was dir in stressigen Momenten durch den Kopf geht. Dazu nutzen wir ein bekanntes Modell aus der kognitiven Verhaltenstherapie. Diesem zufolge werden unsere Reaktionen nicht alleine durch eine Situation ausgelöst, sondern auch dadurch, wie wir sie bewerten.

Sehen wir uns ein Beispiel an:

Lars, alleinerziehender Vater des fünfjährigen Ben, stößt im Alltag mit seinem Sohn immer wieder an seine Grenzen. Er ist ganz allein für seinen Sohn verantwortlich und erfährt im Erziehungsalltag kaum Entlastung. Oft verliert er die Nerven und wird Ben gegenüber grob, was ihm hinterher leidtut. In einer Beratung möchte Lars lernen, sich weniger von seiner Wut mitreißen zu lassen. Nach und nach entdeckt er, dass ein bestimmtes Set von Gedanken seine Wut anheizt, wie im folgenden Beispiel deutlich wird:

Situation	Gedanken	Gefühle und Verhalten
Mein Sohn (5) möchte nach dem Zoobesuch noch ein Kuscheltier vom Kiosk. Ich sage nein, woraufhin er weint, den Schneeleoparden umklammert und schreit: »Du bist so gemein!«	»Der macht das doch mit Absicht!« »Er hat null Respekt vor dir!« »Der tanzt dir auf der Nase rum. Du kannst ihn nicht gewinnen lassen! Sei konsequent!« »Was mache ich falsch? Wieso kann Ben sich nicht beherrschen?« »Alle sehen, dass du dein Kind nicht im Griff hast! Du bist so ein Versager …« »Jetzt haben wir den ganzen Tag gemacht, was er will, und das ist jetzt der Dank dafür!«	Wut Empörung Unsicherheit Scham Ich packe Ben am Arm und werde laut.

Ähnlich wie bei der Übung *Ab und zu gründlich ausmisten* ab Seite 29 können wir auch diese Gedanken auf Herz und Nieren prüfen, indem wir uns fragen, ob sie den Tatsachen entsprechen oder es nicht andere Erklärungen gäbe. Lars fällt im Nachhinein auf, dass er sehr viel in diese Situation hineininterpretiert: Plötzlich geht es um mangelnden Respekt und fehlende Dankbarkeit, um Macht und elterliche Autorität sowie sein Bild als Vater. Dabei möchte Ben doch einfach nur diesen kuschlig weichen Schneeleoparden! Nachdem sich Lars mit seinen Wutgedanken auseinandergesetzt und diese verändert hat, sieht das Schema wie folgt aus:

Situation	Hilfreiche Gedanken	Gefühle und Verhalten
Mein Sohn (5) möchte nach dem Zoobesuch noch ein Kuscheltier vom Kiosk. Ich sage nein, woraufhin er weint, den Schneeleoparden umklammert und schreit: »Du bist so gemein!«	»Es war ein langer Tag. Wir sind beide müde und überreizt.« »Ich darf nein sagen, wenn ich ihm das nicht kaufen möchte. Und Ben darf wütend darüber sein.« »Er kämpft nicht gegen mich, sondern für sich – er findet dieses Kuscheltier halt einfach toll.« »Jede Mutter, jeder Vater kennt solche Situationen …«	Ein wenig angespannt und genervt. Ich sage nein und tröste Ben.

Bald erkennt Lars, dass er in vielen verschiedenen Situationen mit seinem Sohn die immergleichen Wut-Gedanken hat – und übt sich im Laufe der Beratung darin, diesen aktiv entgegenzutreten. Unserer Erfahrung nach reicht es meist aus, drei bis vier konkrete Situationen zu analysieren, um praktisch alle relevanten Wutverstärker-Gedanken zu finden und zu entschärfen.

Nun kannst du den Stift zücken. Gehe in Gedanken zurück zu einem Vorfall der letzten Woche, bei dem du deiner Meinung nach unverhältnismäßig emotional auf dein Kind reagiert hast. Angenommen, jemand hätte ein Foto von diesem Moment angefertigt: Was wäre auf diesem Bild zu sehen? Trage dies in die Situationsspalte ein. Welche Gedanken gingen dir in diesem Moment durch den Kopf? Was genau hat dich so emotional werden lassen? Und wie hast du reagiert?

Situation	Gedanken	Gefühle und Verhalten

Rücke deinen Wutgedanken nun mit folgenden Fragen zu Leibe:

- Stimmen diese Überlegungen? Wo sind (Gegen-)Beweise?
- Unterstelle ich meinem Kind gerade eine Absicht, die es eigentlich nicht hat?
- Ist die Reaktion meines Kindes wirklich ein Zeichen dafür, dass ich … (mein Kind nicht im Griff habe, in der Erziehung versage etc.)?
- Worum geht es hier wirklich?
- Entspricht das, was ich von meinem Kind gerade erwarte, seinem Entwicklungsstand, seinen Fähigkeiten, seiner Tagesform? Oder ist es einfach überfordert, müde, hungrig, überreizt etc.?

Und zuletzt: Wie würde ich in diesem Moment gerne reagieren und welche Gedanken helfen mir dabei?

Situation	Hilfreiche Gedanken	Gefühle und Verhalten

Vielleicht fragst du dich, weshalb es hilfreich sein soll, eine einzelne Situation so genau zu betrachten – zumal sie bereits in der Vergangenheit liegt? Bei den meisten Menschen treten typische Gedanken, die die Wut verstärken, in den verschiedensten Situationen auf. Wenn es dir gelingt, in einer ruhigen Minute einige hilfreiche Sichtweisen zu formulieren, bist du bereits einen guten Schritt weiter. Nun geht es darum, dich auf zukünftige Stressmomente vorzubereiten, indem du dir deine kraftspendenden Einsichten auf Kärtchen schreibst, sie immer mal wieder durchliest und darüber nachdenkst. Besonders wirksam ist es, wenn du dir Situationen vorstellst, in denen du normalerweise die Beherrschung verlierst, und versuchst, dir gleichzeitig deine neuen Gedanken bewusst zu machen.

Mein Kind tickt aus: Was kann ich tun?

Wegen Kleinigkeiten rastet unser Sohn völlig aus! Das kann etwas ganz Banales sein: Er kommt bei seinem Computerspiel nicht weiter. Oder wir wollten ins Freibad und nun regnet es. Manchmal reicht es auch schon, wenn er das Gefühl hat, jemand aus der Familie schaut ihn zu lange an,
erzählt Marcel, Vater des achtjährigen Charly.

Wenig bringt Eltern und Lehrkräfte derart an ihre Grenzen wie Kinder, die aus scheinbar nichtigen Anlässen in Rage geraten, aggressiv werden und dabei um sich schlagen, Gegenstände zerstören, andere wüst beschimpfen oder den eigenen Kopf gegen die Wand hauen.

Während Wutausbrüche bei Klein- und Kindergartenkindern Teil einer gesunden Entwicklung sind, werden *regelmäßige, heftige und lange andauernde* Wutanfälle bei Schulkindern zu einem echten Problem (vgl. dazu zum Beispiel Belden und andere, 2008; Potegal & Davidson, 2003).

Oft leidet die ganze Familie unter diesen Ausbrüchen: Die Eltern sind hilflos und schämen sich, die jüngeren Geschwister haben Angst, Klassenkameraden wenden sich ab und das betroffene Kind fühlt sich alleine und unverstanden.

Vielleicht bekommt das Kind eine oder mehrere Diagnosen: ADHS, Autismus-Spektrum-Störung, intermittierende explosible Störung, Störung mit oppositionellem und trotzigem Verhalten, Störung des Sozialverhaltens, Posttraumatische Belastungsstörung oder es wird als hochsensible Persönlichkeit bezeichnet. Es kann wichtig sein, mithilfe einer psychologisch-psychiatrischen Diagnostik genauer hinzuschauen, was hinter den Ausbrüchen steckt. Aber eine Frage bleibt trotzdem bestehen: Wie geht man mit den Wutanfällen um?

Diese Frage hat sich auch der amerikanische Kinderpsychologe Ross Greene (2011) gestellt, der schwerpunktmäßig mit Familien arbeitet, deren Kinder häufig ausrasten. Seine Arbeit baut auf einer simplen, aber machtvollen Annahme auf: »Kids do well, if they can.« – Kinder machen ihre Sache gut, wenn sie *können*.

Auf den ersten Blick mag das logisch klingen. Die meisten Reaktionen von Erwachsenen im Umgang mit Wutausbrüchen von Kindern bauen aber auf einer anderen Annahme auf: Kinder machen ihre Sache gut, wenn sie *wollen*.

Immer wenn wir schimpfen, drohen, belohnen, argumentieren, bestrafen oder mit logischen Konsequenzen arbeiten, möchten wir unsere Kinder dazu »motivieren«, sich anders zu verhalten. Wir gehen unbewusst davon aus, dass sie nur nicht genügend wollen. Wenn es aber am Können mangelt, nützt das wenig.

Ross Greene beschreibt drei Kompetenzen, die bei explosiven Kindern häufig unterentwickelt sind: Flexibilität, Frustrationstoleranz und Problemlösen.

Sie wissen nicht, wie sie mit sich selbst umgehen können, wenn:

- Pläne unerwartet über den Haufen geworfen werden.
- etwas nicht so ist, wie es ihrer Vorstellung entspricht.
- sie etwas nicht fertigmachen können.
- sie ein Spiel verlieren, bei einem Problem keine Lösung finden, etwas nicht verstehen oder einen Misserfolg erleben.

Die aggressiven Ausbrüche sind ein Ausdruck massiver Überforderung in solchen Situationen. Um sie in Zukunft besser meistern zu können, benötigen bestimmte Kinder deutlich mehr Unterstützung und Training.

Wenn wir als Eltern oder Lehrkräfte wissen, welche Kompetenzen beim Kind noch nicht genügend ausgeprägt sind, werden ihre Ausbrüche vorhersehbar. Wir verstehen das dahinterliegende Muster und erkennen, dass sich die Situationen, in denen das Kind ausflippt, ähneln und wiederholen (mehr dazu erfährst du auch im Kapitel *»Und wo bleiben Grenzen, Regeln und Respekt?«* ab Seite 69).

Greene hat gemeinsam mit Familien einen Weg entwickelt, um diese Kompetenzen mit dem Kind zu trainieren: das kollaborative und proaktive Problemlösen.

Dabei beobachten Eltern, welche Situationen regelmäßig zu Ausbrüchen führen. Diese werden zu Übungsfeldern, um die Flexibilität, Frustrationstoleranz und das Problemlösen zu trainieren.

Zuerst wartet der Erwachsene einen ruhigen Moment ab, in dem das Kind gut aufgelegt ist. Behutsam und ohne vorwurfsvollen Unterton beschreibt er eine schwierige Situation: »Mir ist aufgefallen, dass wir uns oft streiten, wenn die Gaming-Zeit vorbei ist. Können wir uns anschauen, was da los ist?«

Nun wird dem Kind Zeit gegeben, seine Sichtweise zu schildern. Wahrscheinlich sagt es zuerst »Keine Ahnung« oder »Weiß nicht« – dann braucht es etwas Geduld, um eine Gesprächspause zuzulassen: »Ja, das macht nichts. Ich habe dich noch nie so direkt danach gefragt. Vielleicht willst du noch etwas darüber nachdenken? Wir sind nicht in Eile.«

Dieser Schritt funktioniert nur, wenn man als Erwachsener den Standpunkt des Kindes wirklich erfassen möchte und geduldig nachfragt, was genau das Kind so wütend macht. Vielleicht sagt es am nächsten Tag: »Mein Computerspiel ist so spannend und ich bin voll drin, aber dann kommst du und willst, dass ich aufhöre! Und Elias aus meiner Klasse darf viel länger, alle dürfen länger, nie darf ich machen, was ich will! Immer kommandiert ihr mich rum!«

An dieser Stelle fordert der Ansatz den Erwachsenen einiges an Disziplin ab, weil es nun *nicht* darum gehen soll, zu argumentieren oder das Kind zu einer bestimmten Einsicht zu bewegen. Stattdessen bemüht man sich, weiter zuzuhören, die Gefühle des Kindes ernst zu nehmen und sich tiefer in das Problem hineinzudenken.

Zum Beispiel, indem man dazu Fragen stellt: »Was bedeutet das für dich genau, dass wir dich rumkommandieren?«, »Wie kommt es dazu, dass du denkst, du dürftest nie machen, was du willst?«.

Erst, wenn sich das Kind ausreichend verstanden fühlt und man selbst sehr genau weiß, welcher Aspekt das Kind so wütend macht, geht man zum zweiten Schritt über. Hier legen auch die Erwachsenen ihre Sorgen und Anliegen dar: »Du hast recht, wir kommandieren dich wirklich oft herum. Und am meisten natürlich, wenn es ums Gamen geht. Ich befürchte, wenn wir dich nicht daran erinnern, abzuschalten, wird es zu viel und andere wichtige Dinge kommen zu kurz: dass zu wenig Zeit bleibt, um Freunde zu treffen, anderen Hobbys nachzugehen oder sich um die Hausaufgaben und das Lernen zu kümmern.«

Wenn die Erwachsenen ihre Sorgen geäußert haben, sprechen sie eine Einladung aus: »Ich bin gespannt, ob wir gemeinsam eine Lösung finden, damit du dich nicht herumkommandiert fühlst und ich mir trotzdem keine Sorgen machen muss. Hast du eine Idee?«

Zuerst kommt vielleicht nichts. Oder das Kind bringt nur Lösungsvorschläge, die seinen Wünschen entsprechen. Dann kann man als Eltern entgegnen: »Ja, so würdest du dich nicht mehr herumkommandiert fühlen – aber meine Befürchtung bleibt. Finden wir eine Lösung, die für uns beide passt?«

Wichtig ist, dass diese nicht von den Erwachsenen kommt oder das Kind auf eine bestimmte Idee hingelenkt wird, sondern es merkt, dass man ihm eine gute Lösung zutraut, mit der alle einverstanden sind. Vielleicht denkst du jetzt: »Das dauert ja ewig!« Es geht aber nicht in erster Linie um die Lösung für diese eine Situation, sondern darum, dass das Kind die fehlenden Kompetenzen trainiert und lernt, flexibler zu werden, Probleme genauer zu definieren, Lösungen zu finden und eigene Wünsche und Bedürfnisse zu verbalisieren.

Du kannst noch tiefer in das kollaborative und proaktive Problemlösen eintauchen, wenn du das Buch *Das explosive Kind* von Ross W. Greene (2011) liest.

»Du gehst jetzt raus, bis du dich wieder beruhigt hast!« – wie sinnvoll sind Auszeiten?

»Wenn du mir noch einmal so eine schwierige Aufgabe gibst … dann … dann!« Die Drittklässlerin, die vor wenigen Minuten noch quietschvergnügt mit mir, Stefanie, Uno gespielt hatte, verengt ihre Augen zu Schlitzen und schmettert ihr Wasserglas auf die Holztischplatte. Die Luft scheint zu knistern. »Dir wird gerade alles zu viel«, sage ich. Tränen steigen ihr in die Augen. »ICH. HASSE. AUFGABEN. LÖSEN«, schreit sie. Mit einem Satz springt sie auf, wischt das Material des Intelligenztests vom Tisch und stürzt sich in die Puppenecke des Praxisraums. Immer wieder erzählen uns Eltern und Lehrkräfte von ähnlichen Situationen: von Kindern und Jugendlichen, die bei vermeintlichen »Kleinigkeiten in die Luft gehen und ausrasten« und »überhaupt nicht mit Frust umgehen können«. Und immer wieder wird in solchen Situationen eine einfache Lösung propagiert: eine Auszeit (Time-out).

Was versteht man unter einer Auszeit?

Die Auszeit-Methode stammt aus der klassischen Verhaltenstherapie: Indem man sich dem Kind nicht mehr zuwendet, es systematisch ignoriert beziehungsweise es in einen anderen Raum schickt, soll es unter anderem einsehen, dass ihm Wutausbrüche, aggressives Verhalten und Regelübertretungen »nichts bringen«. Mit der Zeit sollen

Kinder so lernen, sich selbst zu beruhigen und sich »angemessener« zu benehmen. Bereits in den 70er- und 80er-Jahren erschien eine Reihe von wissenschaftlichen Studien, denen zufolge Auszeiten »unerwünschtes Verhalten« bei Kindern reduzieren können (Everett und andere, 2010). Die stille Treppe oder der stille Stuhl, auf die Kinder geschickt werden, wenn sie aus Sicht der Erwachsenen überreagieren, wurden auch durch TV-Sendungen wie *Die Super Nanny* populär. Inzwischen spricht sich die ehemalige »Supernanny« Katharina Saalfrank übrigens selbst gegen diese Methode aus. In einem Interview mit der *Frankfurter Rundschau* erläutert sie (Irle, 2013): »Für mich hat sich diese Methode nach kurzer Zeit als destruktiv erwiesen. Das Kind wird nicht nur massiv in seiner Autonomie und Entwicklung eingeschränkt, sondern auch in seiner Persönlichkeit gekränkt.«

Der Lerneffekt ist fraglich

Lernen Kinder, mit ihren Gefühlen umzugehen, wenn wir sie damit alleine lassen oder diese sogar bewusst ignorieren? Die Psychologin Wendy Middlemiss und ihr Team (2011) wollten es genauer wissen.

In ihrer klein angelegten, aber spannenden Untersuchung nahmen Mütter und ihre Säuglinge an einem Schlaftraining teil. Dabei brachten die Mütter ihre Kleinen am Abend ins Bettchen und verließen den Raum. Das darauffolgende Schreien wurde ignoriert. Die Babys sollten dadurch lernen, sich selbst zu beruhigen und alleine einzuschlafen. Bereits am dritten Tag hörten die Säuglinge auf, im Bettchen zu schreien, und fanden selbst in den Schlaf.

Für Befürwortende solcher Schlafprogramme ein klarer Erfolg!

Die Forscherinnen wollten aber nicht nur wissen, wie sich die Säuglinge verhalten, sondern auch, wie sie sich fühlen. Dazu maßen sie das Stresshormon Cortisol im Speichel. Dabei zeigte sich, dass die Säuglinge lediglich *äußerlich ruhig wirkten*, jedoch *innerlich sehr gestresst waren*. Der Cortisolspiegel war nicht nur vor dem Einschlafen erhöht, sondern auch noch während des Schlafens.

Dieses Ergebnis unterstreicht die These vieler Bindungsforschenden: Die Säuglinge lernen nicht, sich selbst zu beruhigen. Vielmehr speichern sie ab, dass ihnen in der Not sowieso niemand zu Hilfe kommt und sie sich nicht voll auf ihre Bezugsperson verlassen können.

Auszeiten folgen einer ähnlichen Logik: »Unerwünschte Verhaltensweisen« des Kindes sollen »gelöscht werden«. Solche Programme bergen immer die Gefahr, dass wir Erwachsenen es verpassen, auf die Bedürfnisse der Kinder einzugehen. Und dass sie zwar äußerlich zu funktionieren scheinen, das Kind aber lediglich lernt, seine Emotionen nicht mehr zu zeigen.

Wenn wir in der Kindheit dazu gebracht werden, bestimmte Gefühle zu unterdrücken, wird es schwierig. Wie wir in den vorigen Kapiteln beschrieben haben, zeigt beispielsweise Wut uns und unserer Umgebung an, dass jemand unsere persönlichen Grenzen übertritt oder uns an einem Ziel hindert, das uns wichtig ist.

Wenn wir verlernen, darauf zu hören, was unsere Gefühle uns mitteilen möchten, dann:

- verharren wir eher in Situationen, die uns langfristig nicht guttun.
- verlieren wir die Energie, eigene Grenzen zu setzen und für diese einzustehen.
- entwickeln wir keine Wege, um konstruktiv mit diesen Empfindungen umzugehen.

Oft sucht sich die Wut in der Folge ihren eigenen Weg, schlägt auf den Körper (Herzleiden, Kreislaufprobleme, Verspannungen) oder entlädt sich bei Menschen, die nichts dafür können.

Eine Auszeit kann hilfreich sein, wenn sie gut begleitet wird

Während man Säuglinge und Kleinkinder mit ihren Gefühlen nicht allein lassen kann, sind ältere Kinder und Jugendliche manchmal froh, wenn sie sich aus einer Situation, die sie überreizt oder überfordert, zurückziehen dürfen.

Teilweise sind Kinder so frustriert, so gefangen in ihrer Wut, dass sie andere mit ihren Ausrastern ängstigen und sich in der Klasse ins soziale Abseits befördern. Dann kann ihnen eine Verschnaufpause fernab des Trubels guttun.

Eine Auszeit hat meist den Charakter einer Strafe: »Wenn du so bist, musst du in dein Zimmer oder vor die Türe, bis du dich wieder ›normal‹ verhältst.«

Sie kann aber auch den Charakter einer Hilfestellung annehmen, wenn das Kind spürt: »Meine Eltern oder Lehrkräfte möchten mich dabei unterstützen, dass es mir besser geht.«

Ich, Stefanie, erinnere mich an einen Lehrer, der mit einem 13-Jährigen über die Gründe für seine Aggressionen sprach und ihm den folgenden Vorschlag unterbreitete: »Ich habe das Gefühl, manchmal wächst dir im Klassenzimmer alles über den Kopf …« »Ja.« »Mir hilft es manchmal, wenn ich mir einen Moment für mich nehmen kann: rausgehen, tief durchatmen, mich ein bisschen bewegen. Wäre das vielleicht auch etwas für dich?« Der Lehrer spazierte nach dem Unterricht mit dem Jugendlichen seinen »Cool-down-Weg« ab und vereinbarte mit ihm, dass er sich diesen auch während der Schule nehmen könne, wenn ihn die Wut packt und er es nicht mehr aushält. Beiden, dem Lehrer und dem Jugendlichen, stand es frei, durch ein Handzeichen zu signalisieren, dass eine kurze »Cool-down-Phase« für den Schüler jetzt sinnvoll wäre.

Auswege statt Auszeiten

Während manche Kinder durchaus froh um eine selbstgewählte Verschnaufpause sind, benötigen andere von Anfang an einen Menschen, der sie bei der Gefühlsregulation begleitet. Wir können die Gefühle des Kindes in Worte fassen, vielleicht auch einfach nur da sein und den Frust mit ihm gemeinsam aushalten. Wenn das Kind sich ein wenig beruhigt hat, lässt sich darüber sprechen, was los war, was das Kind braucht, welche Handlungsmöglichkeiten es gibt – und was wir uns von ihm wünschen. Mit der Zeit können Kinder einen kleinen Notfallkoffer mit Strategien zur Wutregulation aufbauen.

Dazu kann beispielsweise gehören:

- tief in den Bauch atmen
- sich bewegen und auspowern
- summen, brummen, singen oder schreien
- sich aus der Situation entfernen und an einen ruhigen Ort gehen
- eine Achtsamkeitsübung durchführen
- die Situation, die einen ärgert, erzählen, aufschreiben oder malen
- sich ablenken, beispielsweise innerlich von 20 rückwärtszählen oder vier Dinge aufzählen, die man sieht, drei, die man hört, zwei, die man riecht und eines, das man schmeckt
- alle Muskeln anspannen und wieder loslassen
- …

Falls du deinem Kind solche Strategien näherbringen möchtest, die ihm in seiner Wut helfen, empfehlen wir dir gerne unser Buch *Ungeheuer wütend* (Rietzler, Völker-Muno und Grolimund, 2023).

Manchmal sorgt auch eine paradoxe Intervention für Entspannung. Mit eineinhalb Jahren begann mein, Stefanies, Sohn damit, in seiner Wut »schmeißen!« zu rufen und alles, was ihm in die Finger kam, mit Wucht auf den Boden zu knallen. Als er eines Nachmittags völlig übermüdet mit mir im Bett saß und sich weigerte, sich auf den dringend benötigten Mittagsschlaf einzulassen, rief er: »Mama schmeißen! Mama schmeißen!« Ich antwortete: »Du wolltest lieber noch weiterspielen. Und jetzt bist du so sauer, dass du mich am liebsten aus dem Bett schmeißen würdest! Willst du die Mama mal richtig runterwerfen? Dann müssen wir aber schauen, dass ich mir nicht weh tue.« Ich schob die kleine Matratze, die als Fallschutz vor unserem Familienbett liegt, in Position und setzte mich nahe an die Bettkante. »Jetzt darfst du die Mama schmeißen!« Zuerst schaute er mich verdattert an, dann grinste er und warf mich vom Bett. »Nochmal! Nochmal!« Viermal ließ ich mich theatralisch fallen, dann war das Thema erledigt. Ich war selbst überrascht, dass seither der Impuls, mich aus der Wut heraus zu »schmeißen!«, nicht mehr wiederkam.

Ob man ein Kind in seinem Frust begleitet, ihm ermöglicht, sich zurückzuziehen oder beides: Das Wichtige ist die Haltung, die dahintersteht: *Deine Gefühle sind okay – mir ist es wichtig, dass du gute Möglichkeiten findest, mit ihnen umzugehen. Auch wenn du wütend wirst, bin ich auf deiner Seite und für dich da.*

Den kleinen Menschen in seiner Not sehen

Als ich mich an diesem Morgen neben die Drittklässlerin setze, die den Kopf in den Armen vergraben hat und sich verweigert, hallt der Rat einer Berufskollegin in meinem Kopf: »Du musst diesen kleinen Menschen, der da wütet, in seiner Not sehen!«

Denkt man: »Der will mich ärgern, der testet meine Grenzen aus«, fühlt man sich manipuliert und wird selbst wütend. Besser sagst du dir: »Dieses Kind ist überfordert und weiß gerade nicht weiter.«

Also atme ich tief durch und flüstere dem Mädchen zu: »Du bist gerade total wütend, hm?« Keine Reaktion. »Ich kann verstehen, dass du am liebsten aufhören würdest. Die Aufgaben sind echt knifflig …« »Warum gibst du sie mir dann?!«, zischt sie hinter ihrem Haarvorhang. »Weil es mich interessiert, was du schon alles kannst – und weil ich sie dir zutraue.« Stille.

Wenig später hebt das Mädchen den Kopf. »Meinst du, wir können weitermachen?« Sie zuckt mit den Schultern. »Was würde dir helfen, wieder einzusteigen?« Ihre Hand greift eine kleine Plüschmaus. »Soll die sich zu uns setzen?« Das Mädchen nickt – und geht zurück an seinen Platz.

»Und wo bleiben Grenzen, Regeln und Respekt?«

Manchmal sind Kinder nicht nur wütend, sie überschreiten auch Grenzen und schaden anderen.

»Doch wie gehe ich damit um, wenn mein Kind Regeln missachtet oder sich respektlos verhält? Ich möchte ihm doch zeigen, dass ich es bedingungslos liebe und immer hinter ihm stehe. Aber ich kann ihm ja nicht alles durchgehen lassen?«

Vielleicht kennst du solche Gedanken? Uns sind sie jedenfalls nicht fremd. Auch wir finden es anspruchsvoll, mit diesem Spannungsfeld umzugehen.

Im Umgang mit Grenzen, Regeln und Respekt empfinden wir einige Kerngedanken als hilfreich.

Kinder:

- möchten ein echtes Gegenüber, das authentisch ist.
- benötigen eine ehrliche Rückmeldung, wie ihr Verhalten auf andere wirkt.
- brauchen Bezugspersonen, die sie befähigen, sich in der Welt zurechtzufinden.

Unsere Liebe und Fürsorge als Eltern drücken sich nicht allein dadurch aus, dass wir unsere Kinder akzeptieren und annehmen, sondern auch dadurch, dass wir ihnen vieles für ihr Leben mitgeben.

Dazu gehört die Fähigkeit, Emotionen zu regulieren, sich in andere einzufühlen, eigene Wünsche und Bedürfnisse auch einmal hintanzustellen, sozial kompetent zu handeln und Ziele, die ihnen wichtig sind, mit einer gewissen Beharrlichkeit zu verfolgen. Kinder sollten im Laufe ihrer Kindheit und Jugendzeit lernen, mit anderen respektvoll umzugehen. Sie sollten aber auch merken, wenn andere ihnen gegenüber den nötigen Respekt vermissen lassen, und diesen einfordern können. Je nach Temperament und Persönlichkeit fällt es Kindern und Eltern unterschiedlich leicht beziehungsweise schwer, sich in diese Richtung zu entwickeln. Es gibt Kinder, die bereitwillig alles aufsaugen, soziale Regeln im Vorbeigehen aufschnappen, ein ausgeglichenes Gemüt haben und über kleine Ungerechtigkeiten einfach hinwegsehen können.

Andere Kinder werden von ihren Gefühlen regelrecht überflutet, sind von Natur aus eher impulsiv, erscheinen blind für soziale Signale und müssen die ungeschriebenen Gesetze des Zusammenlebens lernen wie eine Fremdsprache.

Eltern sehen sich daher ganz unterschiedlichen Herausforderungen gegenüber. So kann sich die Begleitung eines Kindes mühelos anfühlen oder nach harter Arbeit. Und manchmal ist es nötig, auf die Unterstützung von Fachleuten zurückzugreifen.

Eine sichere, vertrauensvolle Beziehung ist die Grundlage für Kooperation

Viele Verhaltensweisen unserer Kinder, die wir herausfordernd finden, legen sich mit der Zeit von alleine. Oft reicht es, wenn wir mit dem Kind in Verbindung bleiben, uns als Vorbild anbieten, es ermutigen, seine Gefühle ernst nehmen und auf die Zeit und Reifung vertrauen.

Es gibt aber auch Situationen, in denen wir unserem Kind zuliebe Grenzen wahren und unsere Führung anbieten müssen, damit sich eine ungünstige Entwicklung nicht fortsetzt. Gerade in diesen Momenten sind wir jedoch auf ein starkes Band zum Kind angewiesen. Wenn die Eltern-Kind-Beziehung unter zu viel Strafen, Kritisieren, Schimpfen, Ermahnen und ständigem Zurechtweisen gelitten hat, wird es schwieriger, Einfluss zu nehmen.

Das sehen wir auch in anderen Kontexten. Wenn Lehrkräfte uns fragen, wie sie mit verhaltensauffälligen Kindern umgehen sollen, richten wir den Blick jeweils als Erstes auf die Beziehung und empfehlen, diese bewusst zu verbessern. Nur auf diese Weise wird das Kind wieder empfänglich, nur dann können gemeinsam Ziele gesetzt und Kompetenzen trainiert werden. Das Kind braucht die Gewissheit, dass die Lehrkraft es mag, damit Rückmeldungen auf fruchtbaren Boden fallen.

Wir Erwachsenen erleben dies ähnlich, sei es in der Partnerschaft oder der Beziehung zu Vorgesetzten: Je mehr uns das Gegenüber am Herzen liegt, je stärker diese Verbindung von gegenseitigem Vertrauen und Zuneigung geprägt ist, desto größer ist die Bereitschaft, aufeinander einzugehen.

Das soll nun keinesfalls bedeuten, dass eine gute Beziehung automatisch zu kooperativem Verhalten führt. Es ist ein weitverbreiteter Irrglaube, dass Kinder, die beziehungsorientiert groß werden, *automatisch* immer kooperativ sind, ihre Gefühle gut regulieren können, hilfsbereit und empathisch sind und sich stets sozial kompetent benehmen. Kinder bleiben Kinder, mit ihrem individuellen Temperament und einem Gehirn, das sich erst nach und nach entwickelt.

Das musste auch die spanische Erziehungsberaterin und Autorin Míriam Tirado Torras (2022) schmerzlich erfahren: »Ich glaubte irgendwie fest daran, dass meine Kinder keine dieser irrsinnigen Wutanfälle bekommen würden, wie ich sie mal auf der Straße miterlebt habe. Denn ich würde meine Kinder gut behandeln, mit viel Respekt und Kommunikation. Und deshalb hätten sie nicht das Bedürfnis, so zu toben. Stell dir die kalte Realitätsdusche vor, die ich abbekommen habe. Sie tut mir heute noch weh …«.

Eine gute Beziehung ist lediglich die Basis: Sie erlaubt es uns, miteinander und voneinander zu lernen, anstatt das Kind so weit einzuschüchtern, dass es aus Angst vor Strafen einlenkt. Doch wie können wir reagieren, wenn unser Kind Grenzen überschreitet und sich so verhält, dass ihm das langfristig schaden wird?

Auf den nächsten Seiten stellen wir dir einige Möglichkeiten vor. Vielleicht findest du Impulse und Ideen, die zu dir und deinem Kind passen?

Sei deinem Kind ein authentisches und klares Gegenüber

»Gute Eltern bleiben immer ruhig«: So oder so ähnlich klingt die implizite Überzeugung vieler moderner Eltern, die ihre Kinder bindungsorientiert begleiten möchten. In der Folge lächelt und schweigt man tapfer, wenn die eigenen Grenzen übergangen werden, oder säuselt in zuckersüßer Stimme, dass »die Mama oder der Papa das jetzt aber nicht ganz so gerne mag …« – bis man schließlich irgendwann explodiert.

Aus der Sicht der Kinder werden wir Eltern dadurch unberechenbar: Eben war doch noch alles in Ordnung, die Eltern haben freundlich gelächelt – und jetzt rasten sie plötzlich aus?

Selbst wenn wir nicht die Beherrschung verlieren, sollten wir die eigenen Gefühle trotzdem nicht verbergen oder unterdrücken. Denn damit verwehren wir Kindern die Möglichkeit, uns kennenzulernen und zu erfahren, wie ihr Verhalten auf andere Menschen wirkt. Sehen wir uns dazu eine spannende Untersuchung unter der Leitung der Psychologin Sara Waters an (Waters und andere, 2020): Ihr Team ging der Frage nach, wie es sich auf Kinder im Alter von 7 bis 11 Jahren auswirkt, wenn Eltern ihr Stresserleben unterdrücken. Mütter, die versuchten, ihre Gefühle vor ihrem Kind zu verbergen, wirkten im Umgang distanzierter und weniger liebevoll. Gleichzeitig spürten die Kinder die unterschwellige Belastung ihrer Bezugsperson und reagierten selbst gestresster.

Demnach dürfen und sollten wir mit unseren Kindern transparent sein. Auf diese Weise können wir ihnen zeigen, wie man Gefühle angemessen zum Ausdruck bringt, eigene Grenzen wahrt und Bedürfnisse kommuniziert. Gleichzeitig kann unser Kind wichtige

Erfahrungen sammeln: Wie reagieren andere Menschen, wenn ich mich auf diese oder jene Weise verhalte?

Sprechen wir eine Situation an, bevor sie uns zu stark belastet, können wir auch gelassener und zugewandter bleiben, beispielsweise:

- »Mir ist es gerade zu laut.«
- »Ich bin müde und brauche eine Pause.«
- »Das ärgert mich, hör auf damit.«

Authentisch zu sein bedeutet *nicht*, seinen Gefühlen und Impulsen freien Lauf zu lassen, herumzuschreien, das Kind grob anzufassen oder es für die eigenen Emotionen verantwortlich zu machen. Natürlich kann auch das passieren. Aber dann ist es an uns, uns besser um uns und die eigenen Gefühle zu kümmern.

Authentisch sind wir vielmehr dann, wenn wir früh genug registrieren, wie es uns geht, dem Kind unsere Empfindungen mitteilen, und ihm die Möglichkeit geben, darauf zu reagieren.

Ralf erzählt:

Meine Söhne sind oft außer Rand und Band. Dann sind sie gar nicht mehr zu bändigen und ich glaube manchmal, dass sie absichtlich Blödsinn machen, um mich zu provozieren. So was regt mich auf! Da werde ich richtig ungehalten, laut und drohe damit, ihnen ihre Spielkonsole wegzunehmen. Bei unserem letzten Familienausflug haben sich die beiden mal wieder gegenseitig angestachelt und aufgepeitscht und einen Mist nach dem anderen gebaut. Als sie beim Mittagessen anfingen, sich gegenseitig mit Pommes zu bewerfen, wäre ich fast ausgetickt. Ich habe dann zuerst mal tief Luft geholt, ihnen ernst in die Augen geschaut und gesagt: »Ich bin gerade richtig sauer.« Die zwei waren ganz verdutzt, so im Sinne von »Was ist denn jetzt passiert?«. Sie haben wahrscheinlich erwartet, dass ich wie immer laut werde und schimpfe. Aber da habe ich plötzlich gedacht: »Die Jungs sind total in ihrem Film und finden ihre Pommes-Schlacht so lustig – die merken ja gar nicht, wie sehr mich das nervt!« Ich konnte ihnen anschließend relativ ruhig, aber bestimmt sagen, dass sie die Pommes essen, nicht rumschmeißen sollen. Am Ende konnten wir sogar darüber reden, wie wir es hinkriegen, heute alle drei zusammen noch einen schönen Tag zu haben.

In welchen Situationen wäre es in deiner Familie hilfreich, wenn ihr Eltern eure Gefühle früher und offener kommuniziert?

Und was ist mit den vielbeschworenen Konsequenzen?

Wenn wir etwas tun oder unterlassen, hat das Folgen – für uns und unsere Mitmenschen. Kinder müssen diese Zusammenhänge nach und nach entdecken, wobei wir sie unterstützen können.

Das kann ein etwas übertriebenes »Aua, das tut weh!« sein, wenn ein zweijähriges Kind schlägt, oder der Satz: »Ich hatte gestern große

Angst um dich, weil ich nicht wusste, wo du bist! Wenn du nach der Schule noch zu einem Freund gehst, dann musst du seine Eltern bitten, mich anzurufen«, bei einem Grundschulkind.

Sobald wir das Wort Konsequenzen hören, denken wir Erwachsenen jedoch fast automatisch an negative Folgen oder an künstlich auferlegte »Konsequenzen«, die eigentlich nichts anderes als Strafen sind, zum Beispiel: »Wenn du deine Hausaufgaben nicht gemacht hast, darfst du heute nicht zu deiner Freundin« oder »Wenn ihr jetzt nicht aufhört zu streiten, wird die Medienzeit für heute gestrichen!«.

Im Kapitel *Aus Fehlern wird man klug?* ab Seite 185 stellen wir dir zwei Studien vor, die zeigen, dass wir rascher und nachhaltiger lernen können, wenn uns Richtiges anstatt Fehlern zurückgemeldet wird. In unserer Arbeit, aber auch im Umgang mit unseren eigenen Kindern, haben wir immer wieder die Erfahrung machen dürfen, dass dies auch für Zusammenhänge im Alltag gilt.

Ein Kind, das seine Hausaufgaben bis zum letzten Moment aufgeschoben hat und nun müde und verzweifelt am Schreibtisch sitzt, lernt wenig aus dem Kommentar: »Siehst du, das passiert eben, wenn du immer alles auf den letzten Drücker machst!« Vielleicht erledigt es die Hausaufgaben aber eine Woche später zufällig bald nach der Schule und wir können es am späteren Nachmittag fragen: »Wie fühlt sich das an, wenn die Hausaufgaben schon abgehakt sind und du nicht mehr daran denken musst?« Ist das Kind ein bisschen stolz auf sich und froh, dass es den Rest des Tages nun genießen kann, können wir sein Erfolgsgeheimnis ergründen: »Was hat dir dabei geholfen, es heute gleich anzupacken?«

Ein Kind, das morgens lange braucht, bis es aus dem Bett kommt, wird nicht früher aufstehen wollen, wenn wir ihm vorhalten, wie stressig alles durch sein ewiges Trödeln wird. Aber wenn es heute ausnahmsweise rasch aufgestanden ist und sich angezogen hat, könnten wir uns mit ihm über den gemütlichen Morgen freuen: »Da bist du ja schon! Jetzt haben wir noch Zeit zusammen, wie schön. Wir könnten uns sogar noch einen warmen Toast machen.«

Wenn ein Kind etwas mit einem anderen teilt, ihm ein Kompliment schenkt oder es auf der Straße begrüßt, könnten wir es auf die Freude des anderen Kindes aufmerksam machen: »Hast du gemerkt, wie Nuria dich angestrahlt hat, als du sie auf deinem Roller hast fahren lassen?«

Vielleicht hat ein Kind eisern gespart und auf Süßigkeitenkäufe verzichtet, um sich einen größeren Wunsch zu erfüllen, und wir sagen: »Es war nicht einfach, so lange zu sparen. Aber jetzt kannst du dir dafür von deinem eigenen Geld das ersehnte Spiel kaufen und musst nicht bis zu deinem Geburtstag warten. Wie fühlt sich das an?«

Kommt es oft zu Streit und Tränen, wenn die Eltern ihr Kind beim Lernen unterstützen, könnte eine Ausnahme davon ein wenig zelebriert werden: »Das haben wir heute richtig gut hingekriegt! Wie ist uns das wohl gelungen?«

Zeigen wir Kindern immer wieder die möglichen negativen Konsequenzen ihrer Handlungen auf, lernen sie in erster Linie, was man alles nicht tun sollte. Es verfestigen sich Meidemotive – das Kind fühlt sich schnell überfordert, gehemmt und bevormundet: »Nichts darf ich! Ich kann es sowieso niemandem recht machen!« Indem wir den Blick unserer Kinder dafür schärfen, welche positiven Folgen ihr Handeln nach sich zieht, stärken wir automatisch ihre Annäherungsmotive: »Ich kann etwas bewirken! Das tut mir gut! Das möchte ich auch in Zukunft!«

Sie verinnerlichen Ursache-Wirkungs-Zusammenhänge der folgenden Art:

- Andere Menschen freuen sich, wenn ich sie grüße, beim Namen nenne, teile, mich entschuldige, zuhöre, sie zu etwas einlade, zu ihrem Spiel eine Idee beisteuere, ihnen ein Kompliment mache, eine Frage stelle und damit Interesse zeige etc.
- Ich kann Ziele erreichen, wenn ich früh genug beginne, mir die Arbeit gut einteile und mich ein wenig anstrenge.
- Ich bin stolz und kann mich hinterher besser entspannen, wenn ich eine lästige Aufgabe gleich hinter mich bringe.

- Ich kann mich nach einem Streit wieder versöhnen, wenn ich der anderen Person zuhöre, meinen Standpunkt darlege, aber auch eigene »Fehler« zugebe.
- Wenn ich plötzlich gereizt bin, dann liegt das oft am Hunger, und es hilft mir, wenn ich etwas esse.

Dieser Weg entfaltet seine Wirkung am besten, wenn wir ihn spielerisch und offen angehen, indem wir gemeinsam mit dem Kind Zusammenhänge entdecken. Dabei muss es nicht immer um das Verhalten des Kindes gehen. Wir können auch unser eigenes Handeln reflektieren oder gemeinsam mit dem Kind darüber sprechen, wie eine Figur in einem Buch oder Film reagiert hat.

Wie du im Kapitel *Aus Fehlern wir man klug?* erfahren wirst, können Menschen zwar schlecht aus eigenen Fehlern lernen – aber aus Fehlern anderer sehr wohl. Hier können wir nach Lust und Laune auf negative Folgen bestimmter Handlungen eingehen und dann gemeinsam überlegen, wie man stattdessen vorgehen könnte. Mein, Fabians, Sohn liebt solche Gespräche. Vor allem, wenn es um Irrtümer von Erwachsenen geht.

Manchmal diskutieren wir über Fehler, die ich in meinem Leben gemacht habe, manchmal über Probleme von Menschen aus unserem Umfeld. So hatte sich beispielsweise vor einigen Jahren eine entfernte Bekannte heillos verschuldet. Mein Sohn und ich sprachen darüber, was das nun für sie bedeutet und wie beklemmend es sich anfühlt, wenn man finanziell mit dem Rücken zur Wand steht. Plötzlich fiel uns auf, dass fast die ganze Stadt mit Plakaten übersät war, die mit günstigen Sofortkrediten warben: *Kann ich mir eine neue Handtasche gönnen? Habe ich genügend Geld für ein Motorrad? Reicht unser Budget für den nächsten Familienurlaub? Die Lösung? Ein Kredit per Mausklick!*

Das Thema beschäftigte meinen Sohn mehrere Tage lang. Wir kamen darauf zu sprechen, warum Menschen manchmal unnötigen Luxus kaufen, obwohl ihnen das Geld dazu fehlt, wie teuer einen

Kreditkartenschulden zu stehen kommen und wie schön es ist, wenn man spart und sich dann etwas leistet.

Ein andermal regte ich mich darüber auf, dass eine externe Dienstleisterin immer wieder Versprechungen machte, die Arbeit dann aber aufschob. Mein Sohn schüttelte darüber den Kopf, fand diese Person unzuverlässig und konnte nicht verstehen, weshalb sie das tat. Interessant wurde es, als wir genauer hinsahen und merkten, dass wir beide auch oft bestimmte Aufgaben hinauszögern. Warum? Um Langeweile oder Unsicherheiten auszuweichen! »Das mache ich bei den Hausaufgaben! Wenn ich ein bisschen müde bin, dann denke ich: Ich habe jetzt keine Lust, ich mache es später.« Wir überlegten, was diese Person tun könnte, um sich rascher zu überwinden und die Arbeit anzupacken und welche Vorteile das für sie hätte. Tatsächlich gelang es meinem Sohn einige Male, die besprochenen Strategien auf die Hausaufgaben anzuwenden.

Auch bei solchen Gesprächen dient uns eine neugierige und offene Haltung. Mich freut es, wenn meine Kinder etwas aus solchen Gesprächen mitnehmen. In erster Linie macht es mir aber Spaß, dass wir gemeinsam über das Leben nachdenken und diskutieren können.

Welche Zusammenhänge möchtest du deinem Kind gerne vermitteln? Und in welchen Situationen könntest du es darauf hinweisen?

Zum Schluss noch eine kleine Warnung: Diese Vorgehensweise verliert ihre positive Wirkung, wenn wir andere Menschen lediglich für ihre Fehler anklagen. Und sie verkehrt sich ins Gegenteil, wenn wir auf positive Zusammenhänge mit Belehrungen und moralisierenden Statements der folgenden Art reagieren: »Siehst du, warum nicht gleich so?«, »Wenn du willst, kannst du es ja!« oder »Na also! Wenn das nur immer so laufen würde ...«.

Lass dich von deinem Kind beeinflussen

»Lass dich nicht beeinflussen!« – wie oft haben wir diese Warnung schon gehört? Viele Menschen sind so darauf bedacht, ihre Autonomie zu wahren, dass sie sich von nichts und niemandem beeinflussen lassen möchten. Und viele Eltern empfinden jeden Versuch von Kindern, auf sie einzuwirken, als Manipulation, gegen den sie sich um der eigenen Autorität willen entschieden zur Wehr setzen müssen.

Aber: Beziehung entsteht genau dadurch, dass wir uns gegenseitig beeinflussen!

Stell dir die folgenden Situationen vor:

- Du hast bei der Arbeit eine Idee, die von der Vorgehensweise deiner Chefin abweicht, und diskutierst sie mit ihr. Sie hört interessiert zu, stellt Fragen und sagt nach einiger Zeit: »Hm ... dein Vorschlag ist besser. Wir machen es so.«
- Du bist eine Jugendliche und dein Lehrer fragt die Klasse, wie er den Unterricht verbessern könnte, sodass ihr leichter folgen könnt und gerne zur Schule kommt. Er bemüht sich in den darauffolgenden Wochen, eine sinnvolle Anregung der Klasse umzusetzen.
- Du besprichst ein Problem mit einer Freundin und diese antwortet auf deine Argumente folgendermaßen: »So habe ich das noch nie betrachtet!«
- Du bist ein Kindergartenkind und möchtest einen Freund von einem Rollenspiel überzeugen. Er lässt sich auf deine Spielidee ein und macht mit.

Und jetzt stell dir eine Chefin vor, die ihre Rolle so auslegt, dass die »Untergebenen« lediglich dazu da sind, ihre Ideen in die Tat umzusetzen. Einen Lehrer, der seine Autorität verteidigt, indem er stur auf seinen Regeln beharrt und Fehlverhalten bestraft. Eine Freundin, die immer recht haben muss. Und ein Kind, das nur seine eigenen Spielideen durchsetzen will.

Wen hättest du lieber als Vorgesetzte, Lehrkraft oder Freundin, mit welchem Kind hättest du lieber gespielt? Wessen Wort hätte in deinen Ohren mehr Gewicht und von wem würdest du eher eine

Kritik, einen Vorschlag oder Hinweis annehmen? Zu wem hättest du mehr Vertrauen?

Wenn wir uns beeinflussen lassen, sehen wir das oft als Schwäche: Wir sind eingeknickt, haben uns verführen oder überrumpeln lassen, sind jemandem auf den Leim gegangen.

Es kann aber auch eine Stärke sein, wenn wir es aus den richtigen Gründen zulassen:

- Weil wir den Gefühlen und Bedürfnissen eines anderen Menschen bewusst Rechnung tragen möchten und nicht, weil wir uns davon erpresst fühlen.
- Weil wir uns eingestehen können, dass unser Gegenüber bessere Argrumente hat, und nicht, weil wir einen Konflikt vermeiden möchten.
- Weil wir eine Win-win-Situation schaffen oder zumindest einen Kompromiss finden möchten, anstatt uns auf Kosten anderer durchzusetzen.
- Weil wir offen sind für neue Sichtweisen und nicht glauben, bereits alles zu wissen.

Wenn Eltern sich immer durchsetzen und guten Argumenten von Kindern mit »Weil ich das sage!« oder »Keine Diskussion!« begegnen, wirken sie nicht stark, sondern stur.

Und sture Eltern verleiten Kinder, vor allem aber Jugendliche dazu, auch auf stur zu schalten.

Für uns war es gerade im Jugendalter wichtig zu wissen, dass wir mit unseren Eltern reden können, sie zuhören und für Argumente offen sind. Wenn wir etwas wollten, sollten wir es gut begründen können. Auf der anderen Seite konnten wir Gegenargumente unserer Eltern besser annehmen, weil sie sich auch kompromissfähig und offen zeigten.

Nachzugeben oder Kindern recht zu geben kann sich nach mangelnder Durchsetzungsfähigkeit, nach »Inkonsequenz«, anfühlen. Das ist aber höchstens der Fall, wenn man nachgibt, weil man:

- müde ist.
- Konflikte vermeiden will.
- den Frust des Kindes nicht aushält.
- sich unter Druck gesetzt fühlt.

Natürlich darf auch das vorkommen – wir dürfen auf unser eigenes Energieniveau achten. Für die Beziehung zu unseren Kindern ist es aber ausschlaggebend, dass wir in diesen Situationen die Verantwortung übernehmen: »Ich habe meinem Kind jetzt erlaubt, eine weitere Folge seiner Serie zu sehen, weil ich müde bin und heute keinen Nerv mehr für Streitigkeiten habe.« Ungünstig ist es, wenn wir das Kind gewähren lassen, ihm dann aber die Schuld dafür zuschieben, ihm im Nachhinein Vorwürfe machen und sauer sind, weil es sich nicht freiwillig an Abmachungen hält.

Auf der anderen Seite stärkst du dein Kind und gehst als Vorbild für Offenheit und Lernbereitschaft voran, wenn du nachgibst, weil es:

- eine bessere Idee hat.
- dich mit guten Argumenten überzeugt.
- ein Anliegen hat, das ihm viel wichtiger ist als dir.
- wachsen kann, wenn du ihm mehr Freiraum und Verantwortung zugestehst.

Zeige deinem Kind Alternativen

Als Eltern sagen wir sehr oft »nein« und »nicht«. Wir begrenzen und verbieten. Das löst in Kindern sehr viel Frust aus, schließlich möchten sie autonom sein und ihre Umwelt entdecken.

Es entspannt die Beziehung und stärkt das Kind in seinen Kompetenzen, wenn man von klein auf für herausfordernde Situationen Handlungsalternativen anbietet.

Wenn ein jüngeres Kind …	**Sagt man oft …**	**Man könnte aber auch eine Alternative anbieten …**
ein anderes schubst, weil es ihm zu nahe kommt.	»Hey! Es wird nicht geschubst!«	»Sag ›Lass mir Platz!‹«
im Zug oder Restaurant laut herumgrölt.	»Musst du so laut sein?!«	»Im Restaurant reden wir leise. Schau, so …«
andere Kinder haut.	»Du kannst doch nicht einfach hauen! Das macht man nicht!«	»Hände zu dir! Sag laut ›Stopp!‹, wenn dich ein anderes Kind ärgert.«
über das Blatt hinausmalt und den Tisch befleckt.	»Kannst du nicht aufpassen?!«	»Leg vor dem Malen immer die Unterlage auf den Tisch. Hier ist sie.«
Auf dem Küchentisch mit den Wassergläsern herumspielt und dabei eine Sauerei hinterlässt.	»Oh nein! Und ich muss das wieder aufputzen! Musst du immer so eine Sauerei machen?«	»Das macht dir Spaß, gell? Du kannst die Becher mit in die Badewanne nehmen und das dort machen.«

Dabei müssen wir im Hinterkopf behalten, dass wir unsere Kinder nicht überfordern dürfen. Es ist ganz normal, dass Kinder im Restaurant nicht lange ruhig sitzen können, ihrem Frust auch mal durch Hauen und Treten Luft machen oder sich ausprobieren und dabei Chaos hinterlassen. Nach und nach können wir ihnen zeigen, was wir uns in diesen Situationen von ihnen wünschen. Es braucht Zeit und Geduld, um Kinder an Handlungsalternativen heranzuführen – schließlich entwickeln sich ihr Gehirn und ihre Selbststeuerungsfähigkeit erst noch.

Natürlich kannst du auch älteren Kindern Alternativen anbieten.

Wenn ein Kind …	**Sagt man oft …**	**Man könnte aber auch eine Alternative anbieten …**
abends nicht ins Bett will, obwohl es müde ist.	»Du musst jetzt schlafen, sonst bist du morgen wieder zu müde.«	»Übermorgen ist Samstag. Dann kannst du länger aufbleiben. Jetzt bringe ich dich ins Bett.«
sich die Zähne nicht putzen will.	»Muss das immer so ein Kampf sein? Du weißt doch, dass du Löcher bekommst!«	»Willst du selbst putzen oder soll ich das heute für dich machen?«
eher introvertiert ist, nach der Schule wenig spricht und sich in sein Zimmer verzieht.	»Ich bekomme überhaupt nichts von dir mit, alles muss man dir aus der Nase ziehen!«	»Brauchst du ein bisschen Ruhe und Zeit für dich? Vielleicht hast du später Lust auf einen Spaziergang?«
aus der Langeweile heraus mit seinem Freund die jüngeren Geschwister provoziert oder sie sich gegenseitig zu Unsinn anstiften.	»Jetzt hört mal auf! Könnt ihr bitte normal spielen?!«	»So kann ich euch hier nicht spielen lassen. Was könntet ihr tun, damit ihr euren Spaß habt und die jüngeren auch?«

Lebe deinem Kind Werte vor, die dir wichtig sind

Meiner, Fabians, Mutter gelang es auch in anspruchsvollen Situationen, für gegenseitigen Respekt zu sorgen. Sie war bis zu ihrer Pensionierung leidenschaftliche Kindergärtnerin. Die letzten Berufsjahre führte sie einen Kindergarten, der auch von vielen fremdsprachigen Kindern und solchen aus belasteten Familienverhältnissen besucht wurde. Viele von ihnen brachten einen Rucksack an schwierigen Erfahrungen mit, sprachen schlecht Deutsch und verhielten sich teilweise auffällig. In der ersten Woche sagte sie zur Gruppe: »Hier gibt es nur eine einzige Regel, an die wir uns alle halten: Wir haben Respekt vor uns selbst, den anderen und den Sachen.«

Übertretungen nahm sie zum Anlass, um immer wieder auf die Frage zurückzukommen, wie man respektvoll handelt.

In einer Gruppe gehörten Schimpfwörter zum selbstverständlichen Umgang untereinander. Zum Beispiel: »Kastrier deine AIDS-Bazillen« und »Fick deine Mutter!«.

Meine Mutter trommelte die Kinder im Kreis zusammen: »So. Sagt mal alle Schimpfwörter, die euch einfallen. Die ganz schlimmen könnt ihr leise sagen.«

Alle Antworten schrieb sie auf Papierstreifen. Im Anschluss legte sie drei Kreise auf den Boden: Grün, orange und rot. Sie las ein Schimpfwort nach dem anderen vor: »Scheißdreck: Wie findet ihr das?« »Hui, schlimm!«, kam es von den Kindern. »Ich finde es nicht so schlimm – legen wir es in den grünen Kreis?« Dann sagte sie »Fick deine Mutter« und die Kinder meinten: »Geht so«, worauf sie antwortete, dass dieser Ausdruck ziemlich schlimm ist und es gefährlich sein kann, wenn man Wörter sagt, deren Bedeutung man nicht versteht. Die Kinder einigten sich darauf, alle unbekannten Wörter sicherheitshalber in den roten Kreis zu legen. Nach und nach verteilten sie die Schimpfwörter.

Die grünen wurden im Kindergarten aufbewahrt. Für die orangefarbenen gingen sie in den Keller und sagten sie laut auf der Kellertreppe, um sie dann getreu dem Lied »Chällerstäge« (Kellertreppe) von Pauli & Bardill dort unten zu lassen. Die roten wurden im Garten laut im Chor aufgesagt und anschließend verbrannt.

»Fick dei ..., Frau Grolimund? Haben wir das verbrannt?«, fragten wenig später die Kinder, wenn sie zu einer Fluchtirade ansetzen wollten. »Ja, das ist verbrannt! Schau, du kannst dir eines von den grünen aussuchen«, antwortete meine Mutter und las einige vor, bis das Kind ein geeignetes gefunden hatte.

In vielen Fällen gelang es ihr, mit den Kindern ein gemeinsames Verständnis dafür zu entwickeln, wie man miteinander umgeht – selbst wenn manche von zuhause einen ganz anderen Umgang gewohnt waren.

Respekt ist keine Einbahnstraße

Werte gelten unabhängig von Alter und Status. Respekt beispielsweise dürfen Kinder auch von Erwachsenen erwarten.

Meine, Fabians, Tochter aß während der Kindergartenzeit einmal pro Woche in der Mittagsbetreuung. Es gefiel ihr überhaupt nicht: »Es gibt nur zwei Betreuerinnen, die ich gerne mag. Die anderen sind blöd.« Das wollte ich natürlich genauer wissen und fragte nach, was diese tun. Sie erzählte, dass sie beim Essen neben ihrem Bruder sitzen möchte, das aber nicht darf, weil die Kinder nach Klasse sortiert werden. Und dass die »blöden Betreuerinnen« schimpfen, wenn sie deswegen weinen muss. »Die schimpfen? Die trösten dich nicht?«, wollte ich wissen und bekam die Antwort: »Nein, Papa! Das sind so Scheißhühner!«

Das ist vielleicht eines dieser Beispiele, bei denen man je nach Auffassung, was Respekt bedeutet, sehr unterschiedlich reagiert. Vielleicht würde jemand entgegnen: »Es wird nicht geflucht! Solche Wörter sagt man nicht!«, jemand anderes: »Wenn das eine Regel ist, musst du dich auch daran halten.« Mir war es wichtig, dass sie in ihrer kindlich-direkten Art ausdrücken konnte: »Ich darf traurig sein und weinen und muss mich nicht falsch fühlen, wenn eine erwachsene Person deswegen schimpft.«

Was sind für dich wichtige Werte, die du deinen Kindern vermitteln möchtest? Achte darauf, dass es nicht zu viele sind, du dir aber immer wieder Zeit nimmst, um sie für deine Kinder lebendig werden zu lassen. Respekt ist für fünfjährige Kindergartenkinder ein abstrakter Begriff. Wenn jedoch immer wieder erklärt wird, was Respekt bedeutet, Beispiele für respektvolles Handeln gesammelt werden und darüber gesprochen wird, welche Auswirkungen dieser Wert auf andere Menschen hat, wird er erfahrbar.

Entschärfe schwierige Situationen durch Humor und Spiel

Wenn wir in Spiel und Fantasie eintauchen, betreten wir die Welt unserer Kinder und können damit viele Konflikte umgehen.

Als mein, Stefanies, ältestes Kind zwei Jahre alt war, wollte es am Abend lieber noch lange spielen, anstatt sich in den Schlaf begleiten zu lassen. Mein Mann fragte den Kleinen eines Abends, ob er Lust auf einen »Helikopterflug« hätte.

Er hob ihn auf und ließ ihn unter lautem Gebrumme durch die Wohnung schweben: »Landet der Helikopter etwa auf dem Tisch? Nein! Landet der Helikopter etwa auf dem Wäschekorb? Nein! ...« Nach mehreren Stationen durfte er dann bei mir auf dem Bett landen. Der Helikopterflug wurde zeitweise Bestandteil unseres Abendrituals und hat das Zubettgehen für uns alle entspannt.

Ein Kind, das ungern Zähne putzt, lässt sich vielleicht durch eine »sprechende Zahnbürste« locken, die überschwänglich jubiliert, während sie jedes einzelne Gericht des Tages herauskratzen kann: »Und wo sind die Spaghetti von heute Mittag? Da hinten! Wie das klebt!« Ein anderes Kind findet vielleicht eine Zahnbürste witziger, die genauso unter dem Zähneputzen leidet wie es selbst: »Nein! Nicht Zähne putzen! Bitte nicht in den Mund schieben! Wie eklig, Hilfe!«

Fängt ein Kind aus der Langeweile heraus an, zu provozieren, ist es vielleicht nach einer kleinen Kissenschlacht oder einer spielerischen Rauferei wieder zugänglicher.

Mein, Fabians, Sohn fand es witzig, als ich sein Fluchen über die Hausaufgaben zum Anlass nahm, um eine völlig übertriebene und theatralische Tirade über das »Joch« dieser Schinderei vom Stapel zu lassen und begann, einen Brief an die Lehrerin zu schreiben, um ihr »ein für allemal zu verbieten, meinem geliebten Sohn solch eine Bürde aufzuerlegen«.

Und mein, Stefanies, Neffe, musste sich in den letzten 16 Jahren schon einige miserable, schiefe, aber inbrünstig vorgetragene, selbstgedichtete Lieder mit tänzerischer Untermalung zu Gemüte führen: »Der Windeltango! Der Windeltango! Wenn du hast, hast in der Hose Mango ...« oder »Oh nein, die Schoki ist schon weg! Was für ein elendiglicher Schreck! Ich kann es wirklich kaum ertragen, müssen wir daran verzagen? ...«

Ein Kind, dem es schwerfällt, sich in der Kita oder dem Kindergarten von seinen Eltern zu trennen, fühlt sich vielleicht weniger hilflos, wenn es die Eltern mit aller Kraft aus der Tür schieben darf. Viele weitere Ideen, wie du dein Kind spielerisch erreichen kannst, findest du im Buch »Spielen schafft Nähe – Nähe löst Konflikte« von Aletha Solter (2015).

Wecke die Empathie deines Kindes

Wenn wir die Empfindungen unserer Kinder ernst nehmen und ihnen gleichzeitig einen altersangemessenen Einblick in unser Gefühlsleben geben, legen wir einen wichtigen Grundstein für ihre Empathiefähigkeit. Es wird ihnen leichterfallen, sich in andere Menschen einzufühlen.

Das bedeutet aber noch lange nicht, dass dein Kind immer von dieser Fähigkeit Gebrauch machen wird. Uns allen kann diese zeitweise abhandenkommen, beispielsweise wenn wir gestresst sind, verletzt wurden oder die andere Person nicht sonderlich mögen.

Gerade wenn Kinder Dinge tun, die auf Kosten anderer gehen, liegt hier ein wichtiger Schlüssel zur Veränderung. Meist reicht es aber nicht aus, wenn wir nur sagen: »Stell dir mal vor, wie es dem anderen Kind geht! Willst du, dass man so mit dir umgeht?«

Als mein Sohn in die zweite Klasse ging, rief mich eines Tages seine Lehrerin an: »Herr Grolimund? Hallo, ich rufe an, weil mir ihr Sohn und dessen Freund in den letzten Wochen negativ aufgefallen sind. Sie haben mehrere andere Kinder gehänselt.«

Mir war das nicht nur peinlich, ich ärgerte mich auch sehr über meinen Sohn. Im Jahr zuvor war er in der Opferrolle und wir konnten diese Situation zum Glück mit Hilfe der Schule zum Guten wenden. Die Lehrerin schlug vor, dass die beiden Jungs die nächste Woche in der großen Pause jeweils im Klassenzimmer bleiben und Entschuldigungsbriefe an die anderen Kinder schreiben.

Ich bedankte mich für den Anruf, legte auf und kochte innerlich. Zum Glück war mein Sohn noch nicht zu Hause, so konnte ich in Ruhe überlegen, wie ich reagieren will.

Das möchten wir auch dir empfehlen. Fühl dich nicht verpflichtet, sofort zu handeln, wenn dein Kind dich ärgert, wenn du enttäuscht bist oder dich für dein Kind schämst. Falls es in diesem Moment bei dir ist, kannst du zum Beispiel sagen: »Ich bin gerade zu wütend, um mit dir darüber zu reden. Wir holen das heute Abend nach, wenn ich mich ein bisschen beruhigt habe.«

Auf diese Weise hast du Zeit, dir zu überlegen, was dir wichtig ist, was du deinem Kind vermitteln möchtest und wie du dabei vorgehen könntest. Besprich dich dazu ruhig im Vorfeld mit deinem Partner, deiner Partnerin oder befreundeten Eltern.

Mir war es in dieser Situation wichtig, dass mein Sohn die Entschuldigungsbriefe nicht als lästige Strafe ansieht. Ich wollte, dass er erkennt und nachfühlen kann, dass sein Verhalten falsch war, er damit anderen und sich selbst schadet und es ihm wichtig ist, die Beziehungen zu den anderen Kindern zu reparieren. Die Briefe sollte er als eine Möglichkeit dazu sehen.

Als er nach Hause kam, konfrontierte ich ihn mit dem Telefonat. Ich erzählte ihm, was seine Lehrerin gesagt hatte. Er wurde rot, entschuldigte sich und verzog sich in sein Zimmer. Ich ließ ihm eine halbe Stunde Zeit, um alles zu verdauen, dann ging ich hinterher und bat ihn, mit mir spazieren zu gehen. »Nur, wenn wir nicht darüber reden«, meinte er. Und ich antwortete: »Ich werde nicht schimpfen, aber darüber reden müssen wir.«

Beim Spaziergang erzählte ich ihm, dass zwei Freunde und ich damals in der Grundschule immer wieder gemein zu einem Klassenkameraden waren. Wir klopften fiese Sprüche, verknoteten nach dem Schwimmunterricht seine Schuhe, damit er zu spät in den Unterricht kam, oder setzten ein Kleininserat in die Zeitung, dass er eine kostenlose Nintendo-Konsole abzugeben hätte, woraufhin den ganzen Tag über das Telefon klingelte etc. Ich erzählte meinem Sohn, dass mir das heute noch peinlich sei und ich mich sehr dafür schäme. Er wollte alles darüber wissen, vor allem aber, weshalb wir das gemacht hätten. Ich erzählte ihm, dass wir uns in der Gruppe stark gefühlt hatten und uns bei Streichen witzig fanden – das aber auf Kosten eines anderen Kindes ging, das uns nichts angetan hatte. Wir sprachen darüber, was ihn dazu brachte, sich so zu verhalten. Es waren ähnliche Gründe: Er wollte dazugehören und auf keinen Fall wieder selbst zum Opfer werden. Und: »Manchmal fühlt es sich im Moment witzig an, auch wenn man hinterher ein schlechtes Gewissen hat.«

Wir fühlten uns beide schuldig und sprachen dann darüber, dass die Entschuldigungsbriefe ein guter erster Schritt sind, um die Beziehungen zu den anderen Kindern wieder zu kitten.

Als Eltern müssen wir uns nicht entscheiden, ob wir Verständnis zeigen und zugewandt bleiben oder Grenzen setzen und mit Strenge reagieren. Wir können mit unserem Kind verbunden bleiben und ihm gleichzeitig zu verstehen geben, dass bestimmte Verhaltensweisen nicht geduldet werden.

Vermittle deinem Kind wichtige Kompetenzen

Im Kapitel *Mein Kind tickt aus: Was kann ich tun?* auf Seite 57 hast du den Satz »Kids do well, if they can« (Kinder machen ihre Sache gut, wenn sie können) von Ross Greene kennengelernt. Wenn wir als Eltern auf Strafen, Konsequenzen und Belohnungen zurückgreifen, glauben wir implizit, dass unser Kind nicht will. In den meisten Fällen möchten Kinder aber gerne erfolgreich sein und sich mit anderen gut verstehen.

Natürlich gibt es Ausnahmen von dieser Regel: Kinder, die absichtlich ihre Lehrkräfte ärgern oder es ihren Eltern »heimzahlen« wollen. Aber auch in diesen Fällen nützen Strafen kaum: Sie verschlechtern die Beziehung zusätzlich und helfen uns nicht dabei, die darunterliegenden Beziehungsprobleme anzugehen.

Gerade jüngeren und temperamentvollen Kindern fällt es oft schwer, sich selbst zu steuern und ihre Gefühle zu regulieren. Sie reagieren aus dem Bauch heraus, ohne zuerst über mögliche Folgen oder Alternativen nachzudenken.

Und wenn wir ehrlich sind: Uns allen geht es doch ähnlich. Wer denkt schon: »So, heute will ich mein Kind mal richtig zusammenstauchen, rumschreien und die Beherrschung verlieren.« Vielmehr werden wir in bestimmten Situationen von unseren Gefühlen übermannt, sehen plötzlich keine andere Option mehr oder uns fehlen die nötigen Kompetenzen, um souverän zu handeln.

Was würde uns in dieser Lage helfen? Vorwürfe, Beschämung oder eine Strafe? Gewiss nicht. Aber vielleicht ein Gegenüber, das Verständnis zeigt und uns gleichzeitig zutraut, uns weiterzuentwickeln. Jemand, der mit uns an Lösungen arbeitet und uns bei der Umsetzung hilft, auch wenn sich nur langsam Fortschritte einstellen. Genau das hilft auch unseren Kindern!

Dazu können wir uns die folgenden Punkte überlegen:

- Welche Situationen sind schwierig?
- Lassen sich bestimmte Muster erkennen? (Beispielsweise: Mein Kind kann momentan schlecht mit plötzlichen Planänderungen umgehen. Mein Kind wird unleidig, wenn es keine Rückzugsmöglichkeiten hat – besonders am Dienstag und Donnerstag nach den langen Schultagen. Meine Tochter wird sehr wütend, wenn ihr etwas ungerecht erscheint etc.)
- Was braucht mein Kind in dieser Situation?
- Was genau könnte mein Kind tun oder sagen, um besser damit zurechtzukommen?

Sehen wir uns dazu ein Beispiel an: Finn, 9 Jahre, ist gewitzt, kreativ, lebendig – und ziemlich aufbrausend. Ein falsches Wort, ein dummer Spruch, eine gefühlte Ungerechtigkeit und schon gerät er in Rage.

Seine Mutter erzählt:
Wir haben schon so oft mit Finn gesprochen. Er verbaut sich durch seine Ausraster so vieles. Letzten Monat war zwischen ihm und seinem besten Freund fast zwei Wochen Funkstille, weil Finn ihn bei einem Streit heftig getreten hat. Nach solchen Vorfällen sitzt er zu Hause und leidet. Dieses Wochenende darf er nicht einmal mit zum Handballturnier, weil er beim letzten Spiel wegen

einer roten Karte völlig ausgetickt ist. Als sein Team dann auch noch verloren hatte, hat er den Torwart wegen eines angeblichen Fehlers so übel beschimpft, dass er am Ende die ganze Mannschaft gegen sich hatte. Er kam heulend heim, fand alles so unfair. Für Finn ist es die schlimmste Strafe, dass der Trainer ihn für den Sonntag ausgeladen hat. Aber das wird beim nächsten Spiel trotzdem wieder so laufen. Finn hat sich einfach nicht unter Kontrolle. Dabei leben wir unseren Kindern vor, dass man Konflikte mit Worten löst.

Schnell entpuppt sich ein Gefühl der Ungerechtigkeit als Auslöser für Finns Wut. Strafen, egal ob in Form einer roten Karte oder eines Ausschlusses aus dem nächsten Spiel, verstärken diese Empfindung. Finn denkt dann: »Die sind alle gegen mich!«, »Das ist so fies!«, »Ich hasse die!«, »Immer ich!«, »Ich wollte das doch gar nicht!«, »Die wollen mich loswerden!«, »Nur wegen dem kommen wir nicht weiter!«.

Möchten seine Eltern mit ihm später in Ruhe über solche Vorfälle reden, blockt Finn sofort ab: Dann sind alle anderen Schuld an der Misere, was insbesondere seinen Vater wütend macht, der »die Ausreden langsam satt hat«. Aber auch auf einfühlsame und verständnisvolle Kommentare der Mutter wie »Das fandest du ungerecht« oder »Das ist wirklich schwierig für dich« folgt nur eine weitere Schimpftirade: Finn nimmt die Worte seiner Mutter als Bestätigung, dass er tatsächlich das Opfer der Gemeinheiten von Mitspielern, Schiedsrichter und Trainer ist.

Finns Eltern brauchen einen neuen Zugang, um in dieser heiklen Angelegenheit weiterzukommen.

Unterstützung finden sie in einem Eltern-Kind-Coaching. Dort geht es zunächst nicht um Finns Probleme, sondern um seine Wünsche und Ziele: Er möchte ein guter Handballer werden und will, dass sein Trainer ihn respektiert und das Team ihn mag.

Um dieses Ziel zu erreichen, muss Finn aber nicht nur dribbeln, werfen und hoch springen können. Es muss ihm auch gelingen, in hitzigen Situationen einen kühlen Kopf zu bewahren.

Finn hat schon gehört, dass viele Profi-Handballer mit Mentaltraining arbeiten, um mit Druck umzugehen und erfolgreicher zu werden. Jetzt ist er bereit, sich auf ein Coaching einzulassen.

Gemeinsam mit seinen Eltern und der Beraterin durchläuft Finn ein Training in 4 Schritten:

1. **Schwierige Situationen werden zu Übungsfeldern**
   Egal ob eine rote Karte, ein verschossener Siebenmeter, ein blöder Kommentar oder eine Auswechslung, wenn Finn gerne noch auf dem Feld bleiben möchte: All das wird jetzt als Teil des Trainings angesehen.

2. **Alternativen finden**
   Gemeinsam mit Finn wird überlegt, wie sich Profis in solchen Situationen verhalten und wie er reagieren will. Finn erkennt, dass es für ihn vorteilhaft wäre, wenn er ruhiger bleibt: Er könnte sich besser konzentrieren, erhielte weniger rote Karten, wäre für seine Mannschaftskameraden eine bessere Unterstützung und würde nicht mehr von Spielen ausgeschlossen.

3. **Neue Muster aufbauen**
   Es reicht nicht, dass Finn weiß, wie er gerne reagieren möchte. Er braucht Anleitung und Übung, um seine Vorhaben in die Tat umzusetzen. Dazu taucht Finn in angeleitete Fantasiereisen ein. Er malt sich aus, wie es ihm gelingt, eine rote Karte hinzunehmen und einen Kameraden, der einen Fehler gemacht hat, aufzumuntern. Dabei helfen ihm neue Sichtweisen und Gedanken wie: »Die Entscheidung des Schiris gilt. Ich akzeptiere sie«, »In einer Mannschaft hält man zusammen und macht sich nach Fehlern gegenseitig wieder Mut! Das ist

noch wichtiger, als immer zu gewinnen!« oder »Ich freue mich auch, wenn ich eingewechselt werde. Es ist fair, wenn alle mal drankommen«.

Besonders nützlich findet Finn »Wenn-dann-Pläne«, die er im Coaching erarbeitet. Diese helfen ihm, im richtigen Moment das Richtige zu tun. Zum Beispiel: »Wenn ich eine rote Karte bekomme, dann drehe ich mich sofort um und gehe vom Feld.«

4. **Üben und Feedback**
   Vor dem Schlafengehen schließt Finn die Augen: Seine Eltern schildern ihm eine schwierige Situation und helfen ihm dabei, sich an seine hilfreichen Gedanken zu erinnern.

Eltern und Trainer weisen Finn vor dem Training nochmals auf seine Ziele hin und freuen sich mit ihm über Fortschritte. Finn kostet es Zeit und Energie, aber Schritt für Schritt kommt er seinem Ziel ein wenig näher.

Eine solch intensive Begleitung ist aber nicht immer nötig, um eine neue Fähigkeit zu lernen. Oft reicht es aus, wenn man sich gemeinsam mit dem Kind überlegt, was es in welcher Situation tun könnte, damit ein Problem kleiner wird:

Sofia vergisst ihre Hausaufgaben seltener, seit sie sich den Satz »Wenn die Lehrerin die Hausaufgaben an die Tafel schreibt, dann nehme ich sofort mein Hausaufgabenheft und trage sie ein!« eingeprägt und vorgestellt hat.

Luis streitet sich nicht mehr ganz so oft mit seinem Bruder, seit er den Satz »Wenn mich mein Bruder nervt, dann gehe ich in mein Zimmer, mache die Tür zu und spiele für mich!« verinnerlicht hat.

Und tickt Finn wieder einmal aus, so beruhigt sich sein Vater in Gedanken mit seinem eigenen Wenn-dann-Plan: »Wenn Finn die Beherrschung verliert, dann bleibe ich still und setze mich zu ihm hin, ohne etwas zu sagen.«

Wie ist das bei deinem Kind? Welche Situationen machen ihm momentan am meisten zu schaffen? Und welche Fähigkeiten könntet ihr gemeinsam entwickeln, damit es ihm immer besser gelingt, diese Herausforderungen zu meistern? Vielleicht hilft ihm ein »Wenn-dann-Plan«, eine Fantasiereise, ein Rollenspiel oder es möchte die Situation mit seinen Kuscheltieren nachstellen oder eine Zeichnung anfertigen?

Wenn dich etwas wirklich stört: Dann sag es klar und deutlich – und lass es danach ruhen

Für unser Videoprojekt »Und was denkst du?« haben uns über 20 Jugendliche Einblicke in ihre Gedanken und Gefühlswelt gegeben. Fast alle sagten im Interview, dass sie sich am meisten darüber ärgern, wenn sie nicht ernst genommen oder von Erwachsenen bloßgestellt werden. Sie wünschten sich Erwachsene, die sich auf sie einlassen, sich für sie interessieren und gleichzeitig eine klare Position vertreten. Einige von ihnen betonten, dass es natürlich »manchmal nervt«, wenn die Eltern nachhaken, etwas nicht erlauben oder ihren Standpunkt kritisch hinterfragen, aber es gleichzeitig zeige, dass sie ihnen wichtig sind und die Eltern für sie da sind.

Manchmal gehört dazu auch ein unmissverständliches »Nein, so gehen wir nicht miteinander um« oder »Ich sehe, dass du xy machst – das geht überhaupt nicht!«. Damit können Kinder meist besser umgehen als mit ewigem Genörgel, das sie mit der Zeit einfach ausblenden.

Mein, Fabians, Vater unterrichtete an einer Bezirksschule und einer kaufmännischen Berufsschule. Dort verzichtete er als Einziger darauf, Striche für vergessene Hausaufgaben oder Fehlverhalten zu verteilen. Stattdessen war er gut darin, im richtigen Moment deutlich zu zeigen: Ihr seid mir wichtig, ich erwarte viel von euch und in diesem Klassenzimmer gibt es einige Grenzen, die nicht verhandelbar sind. Als beispielsweise ein 15-jähriger Schüler mehrmals in der ersten Stunde gefehlt hatte, rief er bei ihm zu Hause an. Die Mutter meinte, ihr Sohn würde nicht aufstehen und sie wüst beschimpfen, wenn sie ihn zu wecken versuche. Mein Vater beschäftigte die Klasse mit Stillarbeit und stand 15 Minuten später in dessen Zimmer: »In fünf Minuten bist du angezogen. Ich warte unten im Auto.« Wortlos chauffierte er den Schüler zur Schule. Wenig später betraten beide schweigend den Unterricht. Damit war die Sache erledigt und der Schüler fortan pünktlich.

Manchmal tun Kinder und Jugendliche Dinge, die ihnen langfristig schaden werden. Sie lassen sich auf gefährliche Mutproben ein, experimentieren mit Drogen, drangsalieren andere, geraten in zwielichtige Kreise, lassen ihre Ausbildung völlig schleifen, quälen sich in jungen Jahren mit fragwürdigen Diäten etc. Vielleicht aus dem Wunsch heraus, einer bestimmten Gruppe zu gefallen. Vielleicht, um eigene Unsicherheiten zu überdecken. Vielleicht, weil es ihnen noch an der nötigen Reife fehlt, um die Tragweite ihres Handelns abschätzen zu können.

Auch in solchen Fällen ist es hilfreich, sich als Eltern zu fragen: Aus welchem Grund verhält sich mein Kind so? Welches Bedürfnis steckt dahinter? Einfühlsamkeit und Verständnis reichen hier aber nicht aus – wir müssen unserem Kind zuliebe in den Widerstand gehen und verdeutlichen: Ich kann und werde das nicht zulassen!

Das kann auch heißen, Verwandte und Bekannte um Hilfe zu bitten oder Fachpersonen einzubeziehen, wenn wir alleine nicht weiterkommen.

Im Moment wird das Kind nicht begeistert sein, es einem vielleicht übelnehmen. Für uns Eltern kann es schwer und schmerzhaft sein, wenn wir das Gefühl haben, dass uns das Kind im Moment seine Liebe entzieht. Gleichzeitig dürfen wir uns bewusst machen, dass solche Reibungen und Konflikte auch ein Ausdruck unserer Liebe sind und wir dadurch verhindern, dass ein Kind im Erwachsenenalter zurückschaut und sich fragen muss: »Wie konnten meine Eltern das zulassen? Warum sind sie nicht eingeschritten?«

Alisha, die in ihrer Jugend magersüchtig wurde, erzählt:

Ich glaube, wenn man etwas genauer hingeschaut hat, dann hat man schon sehr schnell gesehen, wie stark ich abgenommen hatte. Dann waren es meine Sport- und meine Klassenlehrerin, die irgendwann meine Eltern kontaktiert haben, weil ich im Sportunterricht oft nicht mitmachen konnte, mein Körper hat einfach schlapp gemacht. Die haben dann mit mir darüber gesprochen. Was ich richtig gut fand, war, dass sie nicht hinter meinem Rücken meine Eltern informiert haben, sondern mich gefragt haben, ob das in Ordnung ist. Es war zuerst ein Hin und Her, weil ich ja wusste, was in dem Moment auf mich zukommt, dass das jetzt ein riesen Theater wird, wenn ich nach Hause komme. Aber irgendwie dachte ich auch: Bitte! Irgendjemand muss mich aufhalten, sonst bringe ich mich hier um! Ich selbst kann es nicht, ich brauche irgendjemanden, der jetzt eingreift. Es war dann eine Erleichterung, dass es mal jemand gesehen und ausgesprochen hat und mir die Verantwortung abgenommen hat, anstatt wegzuschauen. Meine Mama hat dann erstmal wieder angefangen mit »Ja, aber du, ich mach dir doch jeden Tag ein Pausenbrot!«. Ich hatte das seit einem halben Jahr in den Müll geschmissen. Aber sie meinte: »Ach so, das ist doch blöd. Dann probierst du jetzt ab morgen aber schon, wieder zu essen, oder?« Jahre später hat sie mir dann gesagt, dass sie total Angst hatte, weil sie keinen blassen Schimmer hatte, was da alles auf sie zukommen würde, was sie alles für mich würde organisieren müssen mit Therapie oder Klinik.

Überprüfe, was hinter deinem Wunsch nach Veränderung steckt

Manchmal werden wir als Eltern von außen unter Druck gesetzt: Das eigene Kind müsse sich dringend ändern, es könne nicht so weitergehen, man könne ihm dieses oder jenes nicht durchgehen lassen.

Schnell holen uns die Schuldgefühle ein: Wir glauben, als Eltern zu versagen, und haben den Eindruck, dass unser Umfeld uns und unser Kind kritisch beäugt. Vielleicht werden wir sogar von außen mit »Verbesserungsvorschlägen« bombardiert. Dann gilt es kritisch zu hinterfragen, wer weshalb ein Problem hat und was sich ändern sollte.

In solchen Fällen, setze ich, Stefanie, in Beratungen gerne eine leicht veränderte Version des sogenannten »Auftragskarussells« des systemisch-lösungsorientierten Psychotherapeuten Arist von Schlippe ein (2016). Sehen wir uns dazu ein Beispiel an:

Die Mutter eines sensiblen, schüchtern wirkenden achtjährigen Jungen ist in letzter Zeit ständig gehetzt, unter Druck und erschöpft. Sie fühlt sich oft unzulänglich und hat den Eindruck, es niemandem recht machen zu können. Sehr präsent in ihrem Leben ist der Anspruch, eine gute Mutter zu sein – es gelingt ihr aber nicht, herauszufinden, weshalb sie daran fast verzweifelt.

Viel Klarheit entsteht, als sie sich ganz bewusst fragt: »Wer hegt welche Erwartungen an mich als Mutter? Welche davon werden offen kommuniziert? Welche liegen eventuell unausgesprochen in der Luft?«

Dazu nehmen wir ein großes Blatt Papier, wobei die Klientin eine Holzfigur in die Mitte setzt, die sie in ihrer Rolle als Mutter repräsentiert. Als Nächstes überlegen wir, welche Personen oder Instanzen in ihrem Umfeld Erwartungen an sie stellen. Rasch füllt sich das Blatt mit weiteren Holzfiguren, die beschriftet werden: der Partner, die eigenen Eltern und Schwiegereltern, die Klassenlehrkraft, die »Gesellschaft«, ihr Arbeitgeber, ihr Sohn selbst. Nun lassen wir jede einzelne Figur zu Wort kommen und ihre Anliegen formulieren. Anschließend schreiben wir für jede mindestens eine »offen ausgesprochene« und eine »unausgesprochene« Erwartung auf. Dabei werden schnell sehr widersprüchliche Ansprüche an die Mutter deutlich: Da ist die Schwiegermutter, die ihr klar zu verstehen gibt, dass sie den Achtjährigen stärker in Kontakt mit Gleichaltrigen bringen müsste – und ihr zwischen den Zeilen vorwirft, dass sie an der Unsicherheit des Kindes schuld ist, weil sie ihm »kein Geschwister schenken wollte«. So hat die Schwiegermutter beispielsweise kürzlich kommentarlos einen Artikel per E-Mail weitergeleitet, in dem behauptet wird, Einzelkinder seien weniger durchsetzungsfähig; Dazu gesellen sich die eigenen Eltern, die beide stets betonen, wie viel Wert sie früher darauf gelegt hatten, den Nachwuchs zu Selbstsicherheit zu erziehen und ihm nicht alles abzunehmen – und ihr unterschwellig mitteilen, wie enttäuscht sie darüber sind, dass sie den Enkel nicht einmal dazu bringt, bei ihnen zu übernachten. Der Ehemann, der sie vordergründig unterstützt und ihr sagt, sie solle sich nicht so viele Gedanken machen, die Schüchternheit des Sohnes verschwinde irgendwann von selbst – sie aber spüren lässt, dass er beruflich genügend Stress hat und sie ihn nicht immer mit unnötigen Sorgen belasten soll. Die Gesellschaft, von der sie die Botschaft wahrnimmt: »Sorg dafür, dass dein Sohn selbstsicher und durchsetzungsfähig wird. Sonst wird er es in Zukunft schwer haben.« Die Klassenlehrerin, die betont, wie intelligent das Kind sei und wie schade, dass es sich mündlich kaum beteilige. Man müsste möglicherweise zuhause seine Stärken mehr fördern und ihm mehr Selbstvertrauen mitgeben – ein anderer Junge hätte von Judo sehr profitiert. Unterschwellig fühlte sich die Klientin im schulischen Standortgespräch als Helikoptermama abgestempelt, die die Unsicherheit des Kindes befeuert, weil sie angeblich nicht loslassen kann.

Und dann ist da noch ihr Sohn, der ihr deutlich zeigt: »Ich brauche Sicherheit und deine Nähe! Ich will bei dir übernachten, wenn ich Angst habe«, und ihr immer wieder signalisiert: »Alle wollen so viel von mir! Ich schaffe das alles nicht! Du darfst mich nicht auch noch überfordern und im Stich lassen.«

Schon blickt die Mutter auf die Aufstellung auf dem Tisch und sagt: »Ich glaube, nun haben wir alle …« – dabei hat sie sich selbst vergessen! Nun ergründen wir, welche Ansprüche sie an sich als Mama stellt. Auch diese sind widersprüchlich: Als »gute Mutter« möchte sie für ihr Kind da sein und es vor beängstigenden Situationen bewahren. Auf der anderen Seite fragt sie sich, ob ihm das guttut. Sie selbst sehnt sich nach mehr Unabhängigkeit, Flexibilität und würde gerne ihr berufliches Arbeitspensum aufstocken.

Als sich die Klientin als Holzfigur in der Mitte all dieser Erwartungen sieht, ruft sie: »Kein Wunder, dass ich so verunsichert bin!« Gleichzeitig gewinnt sie an Selbstsicherheit. Als sie die Erwartungen ihrer Eltern schwarz auf weiß niederschreibt, schüttelt sie den Kopf: »Das ist doch eigentlich nicht mein Problem! Es ist nicht meine Aufgabe, meinen Sohn dazu zu zwingen, bei seinen Großeltern zu übernachten.«

An manchen Stellen wird ihr aber auch bewusst, dass sie mögliche, unterschwellige Ansprüche explizit auf den Tisch bringen möchte: Beruflicher Stress hin oder her, sie wird von ihrem Mann einfordern, dass er sich künftig bei Fragen rund um die Erziehung positioniert, Entscheidungen mitträgt und gegenüber seinen Eltern vertritt.

Ihrem eigenen Sohn möchte sie weiterhin Verständnis entgegenbringen, ihn aber auch Schritt für Schritt ermutigen und fordern und dem eigenen Wunsch nach mehr Freiraum stärker nachgehen.

Vielleicht hast du ebenfalls Lust, dein eigenes Erwartungskarussell zum Anhalten zu bringen und darüber nachzudenken,

- wer von dir was erwartet.
- welche dieser Erwartungen mit deinen Wünschen und Zielen übereinstimmen und du daher gerne annimmst.
- von welchen Ansprüchen du dich bewusst distanzieren möchtest.
- wo es ein klärendes Gespräch darüber braucht, welche unausgesprochenen Erwartungen wirklich im Raum stehen und was diese in dir auslösen.
- an welchen Stellen Verantwortungsbereiche neu verhandelt werden sollten, damit es dir langfristig gutgehen kann.

Mehr dazu erfährst du im Kapitel *Auch deine Bedürfnisse zählen!* ab Seite 205.

Übung: Neue Wege gehen

In diesem Kapitel hast du verschiedene Wege kennengelernt, um dein Kind liebevoll zu führen.

Du kannst:

- deine Gefühle in angemessener Form mit deinem Kind teilen und ihm Einblick in deine Innenwelt gewähren.
- deine Erwartungen an das Verhalten deines Kindes hinterfragen und sie gegebenenfalls stärker an den Entwicklungsstand deines Kindes anpassen.
- auf negative, vor allem aber positive Folgen einer Handlung hinweisen und deinem Kind damit vermitteln, wie »die Welt« funktioniert.
- dein Kind dazu anleiten, wie es seine Bedürfnisse erfüllen kann, ohne andere zu verletzen oder deren Grenzen zu überschreiten.
- dein Kind dazu anregen, sich in sein Gegenüber einzufühlen, und damit seine Empathie schulen.
- klar und deutlich formulieren, wenn dein Kind wichtige Grenzen übertritt oder etwas tut, das ihm langfristig schaden wird.
- dich fragen, ob ein Problem nicht auf fehlende Kompetenzen zurückzuführen ist, und diese nach und nach mit deinem Kind entwickeln. Dazu kannst du auf Wenn-dann-Pläne, Rollenspiele, Fantasiereisen, Geschichten und Feedback zurückgreifen.
- dich auch mal von deinem Kind umstimmen lassen, ihm in einer Angelegenheit Recht geben oder dich für einen Fehler entschuldigen und ihm damit vermitteln, dass in eurer Familie alle Gehör finden.
- auf dein eigenes Energielevel achten und dich entscheiden, welche Kämpfe du ausfechten möchtest und für welche Reibereien dir momentan die Kraft fehlt.

- mit Fantasie, Übertreibung oder einem Spiel auf eine aufgeheizte Situation eingehen.
- dir in hitzigen Situationen erlauben, deine Antwort auf später zu verschieben (»Darüber muss ich nachdenken / ich muss mich zuerst beruhigen – wir reden heute Abend darüber«), und dich gegebenenfalls mit einer vertrauten Person absprechen.
- deine wichtigsten Werte im Zusammenleben mit deiner Familie definieren und im Alltag immer wieder darauf zurückkommen, weshalb diese eure Familie bereichern beziehungsweise wie sie gelebt werden können.
- Geschichten oder Diskussionen über ein Thema nutzen, um deinem Kind neue Perspektiven zu eröffnen und indirekt sein Wissen über die Welt und das Leben zu erweitern.

Vielleicht hast du Lust, eine Schwierigkeit auszuwählen, die dich und dein Kind momentan beschäftigt. Frage dich: Welcher dieser Wege könnte für Entlastung sorgen und uns weiterbringen? Wähle einen aus und versuch ihn umzusetzen. Wie reagiert dein Kind darauf?

Peinlich, peinlich: Wenn uns die Scham überrollt

Kennst du den Begriff »Schamblitz«? Wahrscheinlich nicht – wir haben ihn erfunden. Schamblitze nennen wir das scheußliche Gefühl, das uns durchzuckt, wenn wir vor dem Einschlafen den Vortrag des heutigen Abends Revue passieren lassen und denken: »Was habe ich bei dieser Frage für ein unzusammenhängendes Zeug geantwortet?« Wenn wir ein neu aufgenommenes Video zum ersten Mal sichten und registrieren: »Wie bescheuert guckst du da aus der Wäsche?«

Ich kann mich noch gut erinnern, wie ich, Fabian, auf dem Weg zu einem Vortrag im Juni bei fast dreißig Grad einen Berg hochwandern musste. Die fünfzehn Minuten vor der Begrüßung verbrachte ich damit, im Klo mein klitschnasses, dunkelblaues Hemd im Handtrockner zu föhnen in der Hoffnung, dass niemand reinkommt und es noch rechtzeitig wiederhergestellt ist. Die Salzkrusten sahen leider auch nicht besser aus …

Wahrscheinlich kennst auch du solche Schamblitze. Sie durchzucken den gesamten Körper: Die Haut kribbelt, Hitze schießt uns ins Gesicht und man würde sich am liebsten verstecken.

Doch was ist Scham? Und wie können wir ihr begegnen?

Scham: Ein menschliches Gefühl

Scham entwickelte sich in der Geschichte der Evolution relativ spät. Sie setzt ein Bewusstsein voraus, dass andere Menschen uns bewerten, sowie eine Vorstellung davon, welchen Normen, Werten und

Verhaltensregeln wir uns in bestimmten Kontexten unterwerfen sollten (Landers und andere, 2023).

Scham ist somit ein sozial vermitteltes Gefühl und wird aktiviert, wenn wir fürchten, uns zu blamieren, aus einer Gemeinschaft ausgeschlossen zu werden oder an Status und Wert zu verlieren – oder das tatsächlich erleben müssen.

Ist das Schamgefühl angemessen ausgeprägt, dient es uns als Warnsignal und schützt uns davor, Grenzen zu überschreiten. Wie schädlich es sein kann, wenn das Schamgefühl zu stark gedämpft oder praktisch ausgeschaltet ist, wird deutlich, wenn Menschen im alkoholisierten oder manischen Zustand völlig enthemmt Dinge tun, die sie hinterher bereuen.

Für viele Menschen wird Scham jedoch zu einem problematischen Gefühl. Insbesondere, wenn sie nicht mehr situationsbezogen ist, sondern zu einem permanenten Begleiter wird: der Empfindung, dass etwas mit einem tief im Innern nicht stimmt, dass man wertlos und unzulänglich ist – und andere dies sehen könnten. Diese sogenannte internalisierte, toxische Scham kann unter anderem zu Depressionen, Ängsten, Essstörungen, Zwangsstörungen, Perfektionismus, massiven Selbstwertproblemen sowie Aggressionen gegen sich und andere beitragen (Budiarto & Helmi, 2021; Cândea & Szentagotai-Tătar, 2018; DeCou, 2021; Laving und andere, 2022; Nechita und andere, 2021; Schalkwijk und andere, 2019; Sheehy und andere, 2019).

Toxische Scham kann sich aus verschiedenen Quellen speisen, wie die folgenden Beispiele illustrieren:

Larissa erzählt:
Als Kind hatte ich immer das Gefühl, nicht gut genug zu sein. Meine Mutter wurde von allen bewundert: eine echte Karrierefrau, überall Verehrer, das Haus makellos, da sollte es die Tochter natürlich auch sein. Wenn ich im Schwimmen Pokale heimbrachte oder mal wieder Klassenbeste wurde, hat sie mich überschwänglich

umarmt und mit Liebe überschüttet. Aber niemand hat hinter ihre Fassade geschaut. Niemand hat gesehen, wie kalt und gemein sie werden konnte, wenn ihr etwas nicht passte. Wenn ich nicht das Bild der perfekten Tochter erfüllen konnte, hat sie mich manchmal tagelang ignoriert und tat so abgrundtief enttäuscht. Lange dachte ich, es liege an mir: Hätte ich mich nur mehr angestrengt, wäre noch erfolgreicher, hübscher, sportlicher gewesen, dann hätte sie mich geliebt. Heute weiß ich, dass das, was meine Mutter getan hat, falsch war. Aber das Minderwertigkeitsgefühl und diese Scham sitzen ganz tief. Ich versuche immer noch, dagegen anzukämpfen, indem ich alles möglichst perfekt mache.

Marianne erinnert sich:
Mein Großvater hat mich im Alter von vier bis sieben sexuell missbraucht. Ich glaube, dass meine extremen Schamattacken und der Ekel vor mir selbst und meinem Körper daher kommen. Ich habe damals ein paar Mal versucht, meiner Mutter davon zu erzählen, aber sie wollte es nicht hören. Mein ganzes Leben habe ich mich schuldig gefühlt, dass mir das passiert ist. Erst in der Therapie habe ich wirklich für mich annehmen können, dass ich nichts dafür konnte …

Johann berichtet:
Ich war immer etwas übergewichtig. Meine Oma nannte mich liebevoll »unser kleines Pummelchen«. Wirklich schlimm war es aber in der Schule: Ich weiß nicht, wie oft man mir Wabbelbacke, Fettsack oder Tonne hinterhergeschrien hat. Am furchtbarsten war der Schulsport. Wie ich da mit knallroter Birne, klatschnass geschwitzt, schier hyperventilierend Runden rennen musste, während mich alle zigmal überholten, oder ich wie ein nasser Sack an der Reckstange hing. Davon habe ich heute noch manchmal Alpträume. Grausam war das. So was wirst du nie mehr los, ins Freibad oder ein Fitnessstudio bringen mich keine zehn Pferde.

Samuel meint:

Für mich war Scham das große Thema in meiner Kindheit und Jugend. Meine ganze Familie gehört einer Freikirche an. Alle sind hyperreligiös. Von klein auf ist mir eingebläut worden, dass Gott alles sieht. Alles Mögliche war eine Sünde. In der Pubertät wurde es für mich fast unerträglich. Ich wollte möglichst »rein« sein. Alles, was irgendwie mit Sexualität zu tun hatte, war für mich sündhaft und schmutzig. Wenn ich mich selbst befriedigt habe, hatte ich danach stundenlang ein quälend schlechtes Gewissen.

Wie äußert sich Scham?

Der Psychiater Peter Breggin (2014) beschreibt verschiedene Arten, wie sich Scham zeigen kann.

Dazu gehört, dass man:

- oft darüber nachdenkt, wie andere Personen einen sehen.
- sich häufig zurückgewiesen, unzulänglich und machtlos vorkommt.
- sich nicht wertgeschätzt, benutzt oder übervorteilt fühlt.
- schnell rot wird oder sich davor fürchtet, dumm zu wirken beziehungsweise sich unpassend zu benehmen.
- schnell glaubt, dass andere einen nicht respektieren, dies aggressiv einfordert und immer das letzte Wort haben muss.
- den Eindruck hat, man dürfe nicht man selbst sein und müsse sich verstellen, um nicht peinlich aufzufallen oder abgelehnt zu werden.
- glaubt, sich keine Fehler leisten zu dürfen und mit Perfektionismus dagegen angehen zu müssen.
- sich als Außenseiter wahrnimmt, der »anders« ist und deshalb niemandem vertrauen kann.
- vermeidet, im Mittelpunkt zu stehen oder in irgendeiner Form aufzufallen.

Nach außen hin senken wir den Blick, ziehen den Kopf ein oder die Schulter hoch. Wir frieren ein und verlieren unsere Spontaneität. Unsere Stimme wird stotterig, unsicher und dünn. Die Hitze steigt in uns auf und wir würden am liebsten im Boden versinken.

Schamgefühle sind kulturabhängig

Scham findet sich in allen Kulturen. Allerdings ist es kultur- und zeitabhängig, wofür man sich schämt. In früheren Generationen war es eine Schande, wenn man ein uneheliches Kind hatte, sich scheiden ließ, nicht zur Kirche ging oder Autoritäten widersprach. Die ganze Familie »hatte sich zu schämen«, wenn ein Familienmitglied die Konventionen brach.

Heute sind vielfältigere Lebensentwürfe akzeptiert, Konventionen weniger starr. Wir schämen uns nicht mehr in erster Linie dafür, nicht so zu sein wie die anderen. Wie die Schamforscherin Brené Brown (2008) betont, schämen wir uns heute eher dafür, nur Durchschnitt zu sein: wenn wir Schwäche zeigen, berufliche Ziele nicht erreichen, Familie und Beruf nicht unter einen Hut bringen, durch Prüfungen fallen oder nicht schön, sportlich, entspannt und leistungsfähig genug sind.

Wie wir reagieren, wenn uns die Scham überrollt

Dem Psychologen Paul Gilbert und seiner Kollegin Bernice Andrews (1998) zufolge gehen wir alle unterschiedlich mit unserer Scham um. Sie beschreiben vier Wege, denen sich die meisten Reaktionen zuordnen lassen:

1. **Manchmal neigt man dazu, zum *Gegenangriff* überzugehen, wenn man Scham empfindet.**
   Man wird laut, beschuldigt das Gegenüber oder macht sich über es lustig, um von sich selbst abzulenken. Oft kann man beobachten, dass Kinder, die über längere Zeit Opfer von

Mobbing waren, selbst zu Tätern werden, wenn sie die Möglichkeit dazu haben. Ihre Scham und Ohnmacht scheinen so unerträglich, dass sie zu diesen Mitteln greifen, um sich wieder stark zu fühlen und die Kontrolle zurückzugewinnen.

2. **In anderen Situationen wollen wir unsere *Scham verbergen*, indem wir uns kleinmachen und potenziell beschämende Situationen vermeiden.**
   Wir geben dann kaum etwas von uns preis und versuchen, uns unsichtbar zu machen. Immer wieder wundern sich Eltern auch darüber, dass Kinder ihnen ins Gesicht grinsen, wenn sie eigentlich gerade ein »ernstes Wörtchen« an sie richten. Das ist kein Zeichen von mangelndem Respekt, sondern ein Ausdruck von Scham und ein ungelenker Versuch, die andere Person zu beschwichtigen.

3. **Wir können der Scham auch begegnen, indem wir bereits im Vorfeld versuchen, Konflikten aus dem Weg zu gehen und unser *Umfeld zu besänftigen*.**
   Vielleicht fallen dir Menschen ein, die sich ständig entschuldigen, auch wenn das gar nicht angebracht ist, nahe am Wasser gebaut sind und sich hilflos zeigen. Damit signalisieren sie: »Von mir geht keine Gefahr aus. Im Gegenteil: Ich brauche Schutz und Schonung.«

4. **Zuletzt können wir uns unseren *Schamgefühlen auch aktiv zuwenden*.**
   Manchmal können wir uns ehrlich für einen tatsächlichen Fehler entschuldigen und ihn wiedergutmachen. Vielleicht machen wir uns auch bewusst, dass allen Menschen Fehler unterlaufen und versöhnen uns mit unseren Schwächen. Zu guter Letzt kann ein aktiver Umgang auch darin bestehen, dass wir toxische Scham als solche erkennen, psychotherapeutisch bearbeiten und uns bewusst werden, dass uns keine Schuld trifft.

Wie finden wir und unsere Kinder zu einem guten Umgang mit Schamgefühlen?

Auf Beschämung als Erziehungsmittel verzichten: Jemanden in die Schamecke oder an den Pranger stellen, Kindern Eselsohren aufsetzen, sie auf Holzscheite knien lassen – Beschämung wurde früher gezielt eingesetzt, um »Fehlverhalten« zu bestrafen. Wer dies selbst erlebt hat, greift in Stresssituationen vielleicht ebenfalls darauf zurück. Wahrscheinlich in einer subtileren Form: Man weist das Kind auf seine Defizite hin, indem man es mit Freunden oder Geschwistern vergleicht; man fragt das Kind, ob es eigentlich noch ein Baby sei, wenn es Zuwendung oder Unterstützung einfordert; man nutzt als Lehrkraft den Klassenrat, um einzelnen Kindern vor Augen zu führen, dass sie mit ihrem Verhalten die ganze Klasse stören; man erzählt vor anderen etwas, das für das Kind peinlich ist; man schanzt dem Kind die Verantwortung für die elterlichen Gefühle zu, indem man ihm vorhält, wie enttäuscht man von ihm ist oder wie viele Sorgen es einem bereitet; und vieles mehr. Das Gefährliche ist, dass Kinder auf Beschämung oft sehr schnell mit einer Verhaltensänderung in die gewünschte Richtung reagieren. Das wiederum kann Eltern und Lehrkräfte darin bestärken, auf dieses Mittel zurückzugreifen. Die eingangs beschriebenen, vielfältigen, negativen Folgen werden oft erst nach und nach sichtbar.

> ***Einladung zur Reflexion:***
>
> Wie hast du das selbst erlebt? Inwiefern haben deine Eltern und Lehrkräfte Beschämung eingesetzt? Wie hat sich das angefühlt? Wie hast du darauf reagiert?
>
> Wann tappst du als Mutter oder Vater heute selbst in die Beschämungsfalle? Was möchtest du damit erreichen? Wie fühlst du dich danach? Gibt es einen Vorfall, für den du dich bei deinem Kind entschuldigen möchtest? Und wie willst du in Zukunft reagieren?

Entgiftung: Mehrere Studien belegen mittlerweile, dass der Konsum von Inhalten, die uns unerreichbare Ideale wie übermäßig dünne oder muskulöse Körper, aber auch vermeintlich makellose Rollenvorbilder vor Augen führen, zu Unzufriedenheit mit dem eigenen Körper, Essstörungen und depressiven Verstimmungen bei Kindern, Jugendlichen und Erwachsenen beitragen können (Botta, 2003; Harper & Tiggemann, 2008; López-Guimerà und Kollegen, 2010). Es ist hilfreich, sich kritisch damit auseinanderzusetzen, wie Kanäle, Influencer und Autorinnen, denen wir folgen, uns beeinflussen. Dabei spielt nicht nur das Aussehen, sondern auch die Haltung, die diese Menschen verkörpern, eine wesentliche Rolle. Ein Forscherinnenteam überprüfte in diesem Zusammenhang, wie sich unterschiedliche Kommentare von Fitnesstrainern auf Frauen auswirken: Solche, die auf Kraft und Gesundheit abzielten wie »diese Übung stärkt besonders die obere Beinmuskulatur«, sorgten dafür, dass sich die Frauen nach dem Training fit und wohlfühlten. Betonten die Trainer hingegen, dass eine Übung »zur Reduktion von Fett oder Cellulite« beiträgt, waren die Frauen nach dem Training eher beschämt und ekelten sich vor dem eigenen Körper (Engeln und Kolleginnen, 2018).

Einladung zur Reflexion:

Überlege dir für dich oder gemeinsam mit deinen Kindern: Was tut uns gut? Wie fühlen wir uns, nachdem wir in den sozialen Medien unterwegs waren, einen Beitrag der scheinbar perfekten Insta-Mom, die *Joy*, *Shape* oder *Cosmopolitan* gelesen oder *Germany's Next Topmodel* geschaut haben? Wenn man sich danach regelmäßig unzulänglich, dick und wenig erfolgreich vorkommt, tut es gut, einen Bogen darum zu machen.

Manchmal lohnt es sich auch, einen kritischen Blick auf die Freizeitaktivitäten der Familie zu werfen: Was lernt das Kind oder man selbst im Ballett, Kunstturnen, Reiten, Hockey oder der Cello-Stunde? Steht die Freude an der Bewegung beziehungsweise Musik und die Gesundheit im Mittelpunkt? Oder soll man sich plötzlich durch eine Diät oder ausuferndes Training in Wettkampfform bringen, weil man andernfalls schnell seinen Platz verliert?

Austausch mit anderen: Scham macht uns einsam und gibt uns das Gefühl, die einzige Person zu sein, die mit Unzulänglichkeiten und Schwächen kämpft. Entsprechend heilsam ist es, wenn man den Mut findet, sich anderen gegenüber zu öffnen. Nur so können wir die Erfahrung machen, dass andere Menschen Ähnliches erleben und wir trotz unserer Schwächen und Fehler angenommen werden. In einem unserer Elternkurse zum Thema »Erfolgreich lernen mit AD(H)S« meinte eine Mutter: »Es tut so gut, wenn man weiß, dass andere die gleichen Kämpfe austragen und man nicht alleine ist. Man hat sonst ja so rasch das Gefühl, eine schlechte Mutter zu sein.«

> ***Einladung zur Reflexion:***
>
> Für welche scheinbar »dunklen Abgründe« meiner Persönlichkeit, für welche peinlichen oder erniedrigenden Erfahrungen schäme ich mich? Was glaube ich, mit niemandem teilen zu dürfen, ohne den Respekt oder die Liebe anderer zu verlieren?
>
> Fass dir ein Herz und vertraue dich einem nahestehenden Menschen oder einer Fachperson an. Staune über das befreiende Gefühl und die Nähe, die dadurch entsteht.

Bedingungslose Wertschätzung: In einer Studie von Eddie Brummelman und Kollegen (2014) erhielten Jugendliche drei Wochen vor der Zeugnisvergabe die Aufgabe, an Menschen zu denken, »die sie immer akzeptieren und wertschätzen – unabhängig davon, wie man sich verhält oder wie gut man in etwas ist«. Anschließend sollten sie sich eine konkrete Situation vor Augen führen, in der sie von anderen akzeptiert und wertgeschätzt wurden, obwohl sie selbst einen Fehler gemacht oder etwas Dummes getan hatten. Diese einmalige Übung führte dazu, dass sich diese Jugendlichen bei einem schlechten Zeugnis weniger selbst verurteilten und schämten. Momente, in denen unsere Kinder sich danebenbenehmen, Misserfolge erleben oder einen Fehler machen, können wir als Chance sehen, um ihnen zu zeigen: Das lief nicht gut – und wir lieben dich.

Schuld statt Scham: Forscherinnen wie Brené Brown (2012), Ronda Dearing und June Tangney (2003) betonen, dass wir mit Schuld oder Scham auf eigene Fehler reagieren können. Was davon vorherrscht, ist entscheidend.

Menschen, die sich in erster Linie schämen, denken: »Ich *bin* falsch!« Sie fühlen sich unzulänglich und nicht liebenswert. Ihr Selbstwertgefühl leidet und sie neigen zu Rückzug, Vermeidung, Vertuschung und entwickeln eher psychische Störungen.

Menschen, die sich bei Fehlern vorwiegend schuldig fühlen, denken: »Ich habe mich falsch *verhalten*!« Das Gefühl ist ebenfalls unangenehm, aber es motiviert uns dazu, uns zu entschuldigen, nach Wiedergutmachung zu streben, Verantwortung zu übernehmen und unser Verhalten zu ändern. Es ist sozial adaptiv.

Als Eltern können wir Kinder auf eine gesunde Art und Weise durch das Gefühl von Schuld und Reue hindurch begleiten und mit ihnen gemeinsam überlegen, wie sie sich entschuldigen und die Sache wiedergutmachen können.

Vielleicht mit Fragen wie:

- Was ist passiert?
- Was meinst du, wie geht es dem anderen Kind jetzt?
- Wie würdest du dich fühlen, wenn das jemand mit dir macht?
- Wie geht es dir dabei?
- Wie könntest du es wieder in Ordnung bringen?

Das Kind spürt: Ich habe einen Fehler gemacht, aber meine Eltern stehen zu mir und können mich trotzdem annehmen. Sie erwarten von mir, dass ich Verantwortung übernehme, und unterstützen mich dabei.

Sich fragen, ob Scham angebracht ist: Wie wir in den eingangs beschriebenen Beispielen gesehen haben, schämen sich oft die Falschen. Diejenigen, die gar nichts falsch gemacht haben.

> Franziska erzählt:
> *Unser achtjähriger Sohn hat einen großen, krummen Schneidezahn, weswegen er von seinen Klassenkameraden gehänselt wurde. Ich fragte ihn, ob ich mit der Lehrerin darüber reden soll, aber er wollte sich selbst darum kümmern. Er stellte sich vor seine Klasse und sagte, dass er auch gerne so schöne Zähne hätte wie alle anderen und dass es für ihn sehr schlimm sei, dass das nicht so ist. Er könne nicht verstehen, warum sie deswegen so gemein zu ihm sind. Es war totenstill, hochrote Köpfe überall. Danach hat die Klasse ihn sogar verteidigt, wenn andere Schüler auf dem Pausenhof ihn blöd von der Seite angeredet haben.*

Leider werden wir und unsere Kinder immer wieder in Situationen kommen, in denen andere versuchen, uns zu beschämen. Meist, um Kontrolle über uns zu gewinnen, sich selbst stark zu fühlen oder eigene Schuldgefühle abzublocken. Das kann ein Lehrer sein, der das Kind vor den anderen bloßstellt, eine Chefin, die uns absichtlich kleinhält, Teammitglieder oder Klassenkameraden, die uns mit gemeinen Kommentaren eindecken, oder die eigenen Eltern oder Schwiegereltern, die uns noch immer bevormunden oder uns unsere Gefühle absprechen.

Wenn wir oder unsere Kinder uns schämen, können wir genauer hinschauen und uns fragen:

- Habe ich wirklich einen Fehler gemacht?
- Kann ich etwas dafür?
- Ist es in Ordnung, dass die andere Person so mit mir umgeht?
- Würde das Gleiche meiner Freundin passieren: Welches Gefühl und welche Reaktion fände ich dann angemessen? Sollte sie sich in diesem Fall schämen? Oder eher wütend sein über eine Ungerechtigkeit oder Grenzverletzung und sich zur Wehr setzen?

Gerade bei Mobbing ist es unerlässlich, dass Eltern ihrem Kind vermitteln: Das, was hier passiert, ist nicht deine Schuld und muss aufhören. Und wir werden alles tun, was dazu nötig ist.

Konkrete Hilfestellungen dazu findest du auf unserer Webseite: www.elternliebe.ch

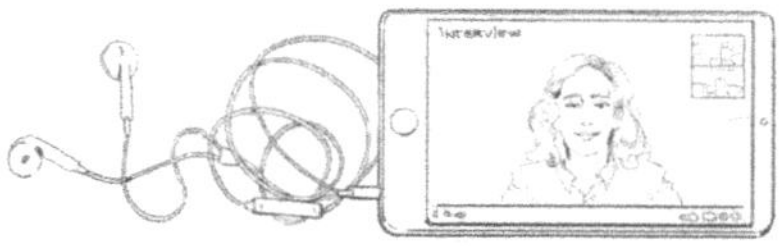

Ängste: Was wirklich hilft

Ängste haben die wichtige Funktion, uns vor Bedrohungen zu schützen. Sie sollen dazu beitragen, dass wir körperlich unversehrt bleiben, Beziehungen schützen und unsere soziale Stellung wahren können.

Je besser es uns gelingt, mit unserer Angst umzugehen, desto eher kann sie diese wichtige Funktion wahrnehmen und uns vor echten Bedrohungen bewahren, anstatt uns zu lähmen und einzuschränken. Zu einer konstruktiven Auseinandersetzung mit diesem Gefühl gehört, dass wir:

1. **Ängste wahrnehmen können**
   Wir können uns nur mit dieser Emotion auseinandersetzen, wenn wir sie als solche erkennen und zulassen können.

2. **Angsttoleranz entwickeln**
   Es ist sehr hilfreich, wenn wir ein gewisses Maß an Nervosität dulden können. Viele Herausforderungen können wir nicht meistern, wenn wir nicht bereit sind, Unsicherheiten in Kauf zu nehmen. Wer immer in der Komfortzone bleibt, kann nicht wachsen.

3. **In der Lage sind, die eigene Angst zu reflektieren**
   Viele Ängste sind irrational und unbegründet. Wer diese wahrnehmen und zulassen kann, kann auch besser überprüfen, wie realistisch die eigenen Sorgen und Befürchtungen sind: Besteht hier eine echte Gefahr, vor der ich mich schüt-

zen muss? Oder ist es ein Fehlalarm und die Angst in diesem Fall kein guter Ratgeber?

4. **Angst mutig entgegentreten können**
   Wenn sich Befürchtungen als übertrieben, irrational oder unbegründet erweisen, ist es hilfreich, wenn wir ihr mit Mut begegnen und dabei vertretbare Risiken in Kauf nehmen können. Wenn wir auf andere zugehen trotz der Gefahr, zurückgewiesen zu werden, ein berufliches Projekt in Angriff nehmen, auch wenn wir scheitern könnten, oder uns im Sportverein anmelden, auch wenn wir befürchten, zu Beginn eine schlechte Figur zu machen.

Auf diesem Weg benötigen Kinder Erwachsene, die sie begleiten, ermutigen und auffangen. Wie viel Unterstützung dabei nötig ist, hängt stark vom Grundtemperament des Kindes ab.

Manche Menschen reagieren von klein auf sehr sensibel auf potentiell bedrohliche Reize. Ihre Amygdala, die Gehirnregion, die bei Bedrohung die körperliche Stressreaktion in Gang setzt, ist aktiver und größer als bei anderen Menschen (Tuulari und andere, 2020; Qin und andere, 2014). Diese Kinder wirken in neuen Situationen oft sehr vorsichtig, zurückhaltend und schüchtern, machen sich rasch Sorgen und sehen oft schon früh viele Gefahren.

Sie sind besonders darauf angewiesen, dass ihre Eltern, Erziehenden oder Lehrkräfte wissen, wie man Ängsten liebevoll begegnen kann.

Sehen wir uns dazu verschiedene Reaktionen an, die sich förderlich oder hinderlich auf die Ängste unserer Kinder auswirken.

Förderlich	Hinderlich
Ängste benennen: »Dieser Hund macht dir Angst?«	***Ängste verneinen:*** »Du brauchst doch keine Angst zu haben. Der tut dir nichts.«
Angst als Teil des Lebens akzeptieren: Wir alle haben manchmal Angst. Je besser es uns gelingt, die Angst zuzulassen und anzunehmen, desto weniger steht sie uns im Weg. Wir können dem Kind vermitteln, dass Nervosität oder Angst in gewissen Situationen dazugehört: • »Hui, diese Bahn ist ganz schön schnell. Ist dir auch ein bisschen mulmig? Mir auch!« • »Bei Vorträgen ist man fast immer ein wenig nervös. Weißt du, dass viele Schauspieler und Rednerinnen sagen, sie hätten auch nach Jahren noch Lampenfieber und ihnen helfe das, sich besser zu konzentrieren?« Je mehr wir die Angst akzeptieren, desto eher bleiben wir trotzdem handlungsfähig und rauben ihr damit ihre Macht über uns.	***Die Angst aus dem Leben verbannen:*** Manche Eltern empfinden Angst als ein so schreckliches Gefühl, dass sie es ihren Kindern komplett ersparen wollen. Man möchte dem Kind eine Herausforderung erst zumuten, wenn es diese mit Sicherheit angstfrei bewältigen kann. Mit dieser Haltung fördert man beim Kind die Ansicht, dass Ängste schrecklich und bedrohlich sind und man am besten allen Situationen aus dem Weg geht, die uns herausfordern könnten. Man befeuert die Angst vor der Angst: Das Kind traut sich immer weniger zu.

Förderlich	Hinderlich
Das Kind ermutigen, sich in seinem Tempo mit der Angst auseinanderzusetzen: Welchen kleinen Schritt traut sich das Kind zu? Kann es den Hund vom Arm der Eltern aus betrachten? Vom Rand aus in den Pool springen? Ein Kuscheltier mitnehmen, wenn es bei der Freundin übernachtet? Wenn wir ein Kind dabei begleitet, eine kleinere Dosis Angst auszuhalten und sich einer Herausforderung zu stellen, kann es erleben, wie diese langsam abnimmt. Es wird stolz auf sich sein und sich immer mehr zutrauen.	***Das Kind überbehüten und es darin bestärken, alle angstauslösenden Situationen zu vermeiden:*** »Du musst da nicht hingehen, wenn es dir unwohl ist und dich nervös macht.« Das Kind kann so nie erleben, dass es seiner Angst gewachsen ist. ***Genauso wenig kann das Kind lernen, mit seiner Angst umzugehen, wenn wir es überfordern:*** »Jetzt stell dich nicht so an! Andere Kinder in deinem Alter schaffen das auch.« Verlangen wir zu schnell zu viel, wird das Kind mit Panik überflutet. Es erlebt diese als unkontrollierbar und sich als hilflos.
Mit dem Kind einen Plan schmieden, wie es im Notfall reagieren könnte: Hinter Ängsten steckt oft die Sorge, dass wir in eine bedrohliche Situation geraten könnten, in der wir nicht mehr weiterwissen. Wir fühlen uns sicherer, wenn wir darauf vorbereitet sind: • »Wenn ich mich verlaufe, dann gehe ich in einen Laden und frage die Verkäuferin, ob sie meine Eltern anrufen kann. Die Nummer steht auf ...« • »Wenn ich beim Vortrag den Faden verliere, dann schaue ich auf meine Stichwortkarte.«	***Das Kind beschwichtigen oder Fehlerfreiheit anstreben:*** Unsere Sorgen nehmen nicht ab, wenn uns andere diese ausreden möchten oder uns vermitteln, dass wir keine Fehler machen dürfen: • »Du kennst doch den Weg. Du wirst dich schon nicht verlaufen.« • »Jetzt üben wir den Vortrag einfach so lange, bis du ihn auswendig kannst!«

<table>
<tr><th>Förderlich</th><th>Hinderlich</th></tr>
<tr><td>Sich selbst als Modell anbieten, das sich seinen Ängsten in kleinen Schritten stellt:

Falls du als Mutter oder Vater selbst Ängste hast, kannst du diese nutzen, um deinem Kind ein Modell zu sein. Kinder lernen dabei besonders gut von Vorbildern, die sich selbst überwinden müssen.

Sophie, 15, erzählte uns: »Wir gingen mit der Klasse in einen Kletterpark. Einige hatten Höhenangst – und unsere Lehrerin auch. Sie hat dann ihre Angst überwunden: Für uns! Und da haben sich einige von uns auch getraut.«</td><td>Sich selbst in Sorgen verlieren und allem aus dem Weg gehen, was einen nervös macht und Ängste auslöst:

Kinder können sich von ihren Eltern einen ungünstigen Umgang mit Ängsten abschauen. Wenn Eltern ständig (laut) darüber nachdenken, was alles passieren könnte und vielen Situationen aus dem Weg gehen, übernehmen Kinder häufig dieses sorgenvolle Denken und das vermeidende Verhalten (Emerson und andere, 2019; Islamiah und andere, 2023; Brendel & Maynard, 2014; Creswell und andere, 2008; Cobham und andere, 1998):

• »Das sieht steil aus, das ist nichts für mich.«
• »… und dann hat meine Kollegin vor dem ganzen Team ihr neues Projekt vorgestellt. Das könnte ich nie. Das wäre mir viel zu stressig.«</td></tr>
</table>

Förderlich	Hinderlich
Dem Kind allgemein eine eher optimistische und zuversichtliche Haltung sich selbst, anderen und der Zukunft gegenüber vermitteln: Vieles von dem, was wir erleben, erweist sich als selbsterfüllende Prophezeiung. Wer beispielsweise anderen Menschen allerlei schlechte Absichten unterstellt, hat tatsächlich oft weniger stabile Freundschaften und Partnerschaften. Wer hingegen – ohne naiv zu sein – mit einer guten Portion Urvertrauen ausgestattet ist, tut sich leichter. Dein Kind wird mit weniger Ängsten zu kämpfen haben, wenn du sinngemäß zu ihm sagst: • »Jeder von uns hat Fehler und Schwächen – und wir dürfen uns trotzdem annehmen und sind es wert, geliebt zu werden.« • »Nicht jeder Mensch ist uns wohlgesonnen, aber viele, vielleicht sogar die meisten.« • »Es werden Herausforderungen in der Zukunft auf uns zukommen – auch große. Aber es gab in der Geschichte immer Menschen, die Lösungen gesucht und gefunden haben. Und wir können in unserem Rahmen einen Beitrag für eine bessere Welt leisten.«	***Dem Kind eine pessimistische, misstrauische Sichtweise vorleben, die einen vermeintlich vor Gefahren schützen soll, aber nur zu einer einschränkenden und destruktiven Haltung führt:*** • »Man muss immer auf der Hut sein. Die meisten Menschen wollen einen nur ausnutzen.« • »Die Welt geht eh vor die Hunde. Die Menschheit verblödet und verroht immer mehr.« • »Diese Jugendlichen sollen erst mal ordentlich arbeiten, bevor sie die Schule schwänzen und demonstrieren gehen!« • »Wenn andere deine Schwächen und Fehler sehen, werden sie sich von dir abwenden.«

Förderlich	Hinderlich
Die Verantwortung für eigene Unsicherheiten übernehmen und sich diesen stellen: • »Ich halte es fast nicht aus, wenn mein Kind in der Schule ein wenig nachlässt. Sofort gehen bei mir alle Alarmleuchten an und ich stelle mir vor, dass es keinen ordentlichen Abschluss schaffen wird. Eigentlich bin ich gerade dabei, meinen eigenen Perfektionismus auf meine Kinder zu übertragen, dabei habe ich selbst immer darunter gelitten. Das ist ein Thema, um das *ich* mich kümmern muss – nicht mein Kind.« • »Ich merke, dass es mir sehr wichtig ist, welches Bild wir als Familie nach außen abgeben. Aber es ist ungesund, deswegen von meinen Kindern zu erwarten, dass sie sich in der Öffentlichkeit stets tadellos benehmen.«	***Vom Kind erwarten, dass es einem jegliche Sorgen und Ängste erspart:*** • »Was sollen denn die anderen im Dorf denken, wenn du so rumläufst?« • »Weißt du eigentlich, wie viele graue Haare ich wegen dir schon gekriegt habe?« • »Wenn du in der Schule besser wärst, könnte ich auch wieder ruhiger schlafen.« • »Natürlich bin ich gestresst, wenn du mich immer so zur Weißglut treibst!« • »Jetzt haben *wir* doch so viel gelernt! Ich verstehe einfach nicht, warum das nicht in deinen Kopf geht!«

Gerade im Umgang mit Ängsten ist es wichtig, dass du dich nicht in perfektionistischen Ansprüchen verlierst und alles richtig machen willst. Kinder sind nicht aus Zucker. Gehe stattdessen die Tabelle durch und schau dir an, was du in Zukunft etwas häufiger oder etwas seltener tun möchtest.

Falls Ängste bei deinem Kind ein Thema sind, empfehlen wir dir gerne das Buch »Huch, die Angst ist da!« von Ulrike Légé und Fabian Grolimund (2021). Es richtet sich an Familien und bietet eine Grundlage, um sich gemeinsam mit der Angst auseinanderzusetzen und sich mit ihr auszusöhnen.

Ängste: So unterstützt du dein Kind

Gefühl zulassen und benennen: »Das macht dir Angst.«

Das Kind ermutigen, sich der Angst in kleinen Schritten zu stellen: »Willst du es von hier aus versuchen? Ich fange dich auf!«

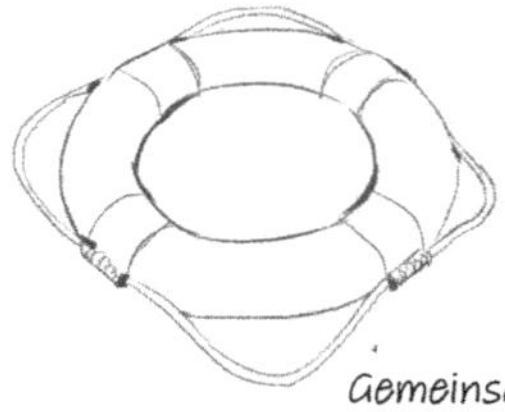

Gemeinsam Notfallpläne schmieden: »Was könntest du tun, wenn …?«

Sich als Modell anbieten: »Ui, ist das hoch … ich bin schon lange nicht mehr vom Dreimeterbrett gesprungen. Mir schlottern die Knie, aber ich versuche es trotzdem.«

Dem Kind helfen, körperliche Empfindungen zu akzeptieren: »Es ist ganz normal, dass das Herz schneller klopft, wenn man …«

Du bist mehr als deine Leistung

Viele Ängste – beispielsweise vor Hunden, Schlangen, Spinnen oder Höhen – beziehen sich auf körperliche Bedrohungen. Kinder haben Angst davor, gebissen zu werden, herunterzufallen, sich zu verletzen oder von einem Monster angegriffen und verschlungen zu werden.

Wenn Kinder etwas älter werden, beginnen sie auch, sich darum zu sorgen, nicht wertvoll oder liebenswert zu sein, keinen Anschluss zu finden oder nicht mit anderen mithalten zu können.

Wenn Kinder klein sind, fällt es den meisten Eltern leicht, sie bedingungslos zu lieben. Bei Babys freuen wir uns über jeden kleinen Fortschritt und staunen, wenn sie sich plötzlich auf den Bauch drehen oder krabbeln können.

Je älter ein Kind wird, desto mehr wird es mit Normen und Gleichaltrigen verglichen. Wir sitzen etwas nervös bei der Kinderärztin, die überprüft, ob sich das Kind »regelgerecht« entwickelt, erfahren im Elterngespräch vom Erzieher oder der Kindergärtnerin, dass da und dort noch ein »Förderbedarf« auszumachen oder ein Defizit zu beheben sei.

Und auch die Kinder selbst lernen, genauer hinzuschauen und Vergleiche anzustellen. Mein, Fabians, Sohn besuchte zweimal wöchentlich die Krippe. Einmal holte gleichzeitig mit mir ein fast zwei Meter großer Hüne seinen Sohn ab. »Papa, der Papa vom André ist größer als du!«, stellte mein Sohn erschrocken fest, um später fast verzweifelt zu fragen: »Meinst du, der Papa vom André ist auch stärker als du?«

Bald merken unsere Kinder: Es gibt Gleichaltrige, die schneller, geschickter, stärker sind als ich. Und sobald sie in die Schule kommen, werden weitere Unterschiede deutlich: Amir kann schon richtig lesen! Emilia rechnet viel schneller als ich! Lotte zeichnet wunderschön!

Als Eltern möchten wir unsere Kinder am liebsten vor solchen Vergleichen bewahren. Manche Familien stören sich so sehr daran, dass sie dem Kind gerne verbieten würden, davon zu sprechen: »Jetzt hör doch auf, dich zu vergleichen!« Andere beschwichtigen gleich: »Dafür kannst du viel besser …« Damit zeigen sie dem Kind indirekt an, dass es schlimm ist, wenn andere uns etwas voraushaben und man seinen Selbstwert nur zurückgewinnen kann, indem man sich sofort die eigene Überlegenheit in anderen Bereichen bewusst macht.

Wir dürfen entspannt und wertungsfrei auf Vergleiche reagieren im Sinne von: »Ja, Lotte kann wirklich gut zeichnen.« So verdeutlichen wir unserem Kind auf einer unbewussten Ebene: Es gibt Menschen, die bestimmte Dinge besser können als du – und das ist in Ordnung und hat nichts damit zu tun, wie liebenswert oder wertvoll du bist. Gleichzeitig bestätigen wir das Kind in seiner Wahrnehmung: Dir ist etwas aufgefallen und du hast das gut beobachtet.

Kinder, die solche Unterschiede zulassen können, sind beispielsweise eher in der Lage, auf ein anderes Kind zuzugehen, ihm ein Kompliment zu machen und sich etwas von ihm abzuschauen, anstatt es als Bedrohung zu empfinden, neidisch oder aggressiv zu werden. Sie können auch mit Kindern, die ihnen etwas voraushaben, eine Beziehung eingehen und von ihnen lernen.

Diese Haltung können wir unterstützen, indem wir neugierig nachfragen, wie es beispielsweise Lotte geschafft hat, so gut im Zeichnen zu werden. Vielleicht wird dem Kind bewusst, dass seine Freundin sehr viel Ausdauer und Zeit darauf verwendet, sich darin zu üben, und die Fähigkeit nicht einfach vom Himmel gefallen ist.

Möglicherweise stellst du aber fest, dass genau das deinem Kind nicht gelingt? Dass es sich selbst viele Sorgen um seine Leistungen macht oder ständig darüber nachdenkt, wie es von anderen gesehen wird?

Silvia erzählt:
Tests sind für meine Tochter Elisa ein riesiger Druck. Meist hat sie in der Nacht zuvor Albträume, wälzt sich im Bett herum und macht sich über mögliche Prüfungsfragen Gedanken, schaltet morgens um drei Uhr plötzlich das Licht an, um etwas nachzulesen. Beim Frühstück ist sie fix und fertig, zweifelt an sich, würde am liebsten zu Hause bleiben. Ich versuche ihr gut zuzureden, sage ihr, dass ich an sie glaube und weiß, dass sie es schaffen wird und sie sich doch gut vorbereitet hat. Tatsächlich schreibt sie fast ausnahmslos gute Noten und müsste vor Selbstvertrauen nur so strotzen. Auch ihre Lehrkräfte haben ihr versichert, dass sie eine starke Schülerin sei und sich keine Sorgen zu machen brauche. Stattdessen ist es jedes Mal das gleiche Drama …

Kinder und Jugendliche wie Elisa gibt es in fast jeder Klasse. Und wie Silvia versuchen die meisten Eltern, ihren leistungsängstlichen Kindern mehr Selbstvertrauen zu vermitteln, indem sie ihnen gut zureden. Das hilft meist wenig, erhöht manchmal sogar den Druck, weil Aussagen der Eltern wie »Du schaffst das!«, »Ich glaube an dich!«, »Ich weiß, dass du das kannst!« die tatsächlichen Befürchtungen der Kinder nicht entkräften können. Damit uns das gelingt, müssen wir uns damit auseinandersetzen, weshalb eine ungenügende Note oder ein Fehler für betroffene Kinder und Jugendliche so bedrohlich sind.

Wovor fürchten sich Kinder und Jugendliche mit Leistungsängsten?

Was würde passieren, wenn ich eine schlechte Note schreibe oder einen Fehler mache? Diese Frage wird von Kindern und Jugendlichen ganz unterschiedlich beantwortet.

Einige würden vielleicht sagen:

- »Jeder schreibt mal schlechte Noten. Ich kann das mit den früheren Tests und meiner Mitarbeitsnote ausgleichen. Und wenn es kritisch würde, müsste ich halt auf die nächste Prüfung mehr lernen.«

- »Wenn ich am Ende meines Vortrags eine Frage nicht beantworten kann, dann sage ich, dass ich die Antwort auf die nächste Stunde nachschaue. Ich kann nicht alles wissen.«
- »Klar ist es unangenehm, wenn man sich meldet und dann etwas Falsches sagt. Das ist mir schon kurz peinlich, aber das passiert allen ab und zu.«

Die Antworten von Kindern und Jugendlichen mit Prüfungsängsten fallen ganz anders aus:

- »Wenn ich die Prüfung nicht schaffe, wird meine Lehrerin enttäuscht von mir sein.«
- »Wenn ich eine ungenügende Note schreibe, bin ich der totale Versager.«
- »Meine Eltern haben so viel mit mir gelernt! Ich darf sie nicht enttäuschen.«
- »Wenn ich beim Vortrag eine Frage nicht beantworten kann, werden mich alle auslachen.«

Misserfolge und Fehler werden im Kopf von Prüfungsängstlichen zu einer immensen Bedrohung. Für manche fühlt es sich fast so an, als würde bei jedem Test ihr Leben oder zumindest ihre Zukunft auf dem Spiel stehen.

Bei fast allen Kindern und Jugendlichen, mit denen wir im Rahmen von Coachings an ihren Prüfungsängsten gearbeitet haben, fanden wir zwei destruktive Glaubenssätze:

- *Ich muss immer gute Noten schaffen, damit ich wertvoll bin. Wenn mir das nicht gelingt, bin ich ein Versager.*
- *Ich muss gute Leistungen bringen, damit andere mich mögen. Bei Fehlern und Misserfolgen werden sich andere von mir abwenden, enttäuscht von mir sein oder mich auslachen.*

Prüfungsängstliche kämpfen mit einem bedingten Selbstwertgefühl. Sie empfinden sich nur als annehmbar und liebenswert, wenn sie leisten. Pausenlos und ausnahmslos. Sie können ihre Erfolge nicht genießen, bisherige gute Noten dienen ihnen nicht als »Polster«, mit dem sie eine ungenügende Leistung auffangen könnten: Bei jedem Test geht es erneut darum, sich als Mensch zu beweisen, zu zeigen, dass man liebenswert und kein »Versager« ist.

Dabei verhindert ein ganzes Set an ungünstigen Denkmustern, dass Prüfungsängstliche ein gesundes Selbstvertrauen aufbauen können. Zum einen *überschätzen sie die Schwierigkeit einer Anforderung*: »Das ist so viel, das schaffe ich nie!«, »Die Lehrerin fragt ganz bestimmt das, was ich nicht gelernt habe!«, »Ich muss alles ganz genau wissen«. Gleichzeitig *unterschätzen sie ihre Fähigkeiten und Stärken*: »Alle anderen sind viel schneller und klüger als ich«, »Ich bin nicht sprachbegabt«, »Mathe check ich sowieso nicht!«, »Ich bin zu dumm!«. Drittens *bewerten sie einen Misserfolg als Katastrophe*, die viele negative Folgen nach sich zieht: »Wenn ich eine schlechte Note schreibe, halten mich alle für einen Versager«, »Was ist, wenn ich den Test nicht bestehe? Dann merken alle, dass ich eigentlich gar nicht aufs Gymi gehöre«.

Erfolge und gute Noten führen bei ihnen meist nicht zu einem höheren Selbstvertrauen, weil sie diese oft äußeren Umständen zuschreiben: »Die Prüfung war einfach. Das haben alle geschafft« oder »Die Lehrerin hat es halt nett mit mir gemeint«.

Misserfolge hingegen werden gnadenlos auf mangelnde Begabung zurückgeführt: »Wenn ich eine schlechte Note habe, sehen alle, dass ich dumm bin!«, oder wie es eine Studentin formuliert hat: »Egal, wie viele gute Noten ich habe: Tief in mir drin weiß ich, dass ich eine Versagerin bin. Und eine schlechte Note würde das bestätigen und alle könnten es sehen.«

Wenn wir prüfungsängstlichen Kindern und Jugendlichen helfen möchten, können wir bei diesen destruktiven Überzeugungen ansetzen und ihnen vermitteln, dass sie mehr sind als ihre Leistung.

Das ist auch dann wichtig, wenn sie zu den Leistungsstarken gehören, die fleißig sind und gute Noten schreiben. Gerade diese fallen Lehrkräften oft kaum auf, weil sie im Unterricht angenehm und angepasst sind. Und auch von Eltern hört man oft Aussagen der folgenden Art: »Sie ist zwar sehr gestresst vor Prüfungen. Aber sie ist doch gut.« So, als wäre das die Hauptsache.

Kinder und Jugendliche haben – spätestens ab der weiterführenden Schule – teilweise mehrere Tests pro Woche. Wer bereits zwei bis drei Tage zuvor von Nervosität geplagt wird und kaum schlafen kann, ist im Dauerstress. Dieses Problem müssen wir ernst nehmen.

Wie Eltern und Lehrkräfte für Entspannung sorgen können

Sprich mit deinem Kind über seine Gedanken und frag genauer nach, woher diese kommen. Versuche dabei, ganz offen zu sein – auch für Überlegungen, die dir falsch, fremd oder unlogisch erscheinen: Auf Gedanken wie »Wenn ich eine schlechte Note schreibe, bin ich ein Versager« reagiert man als Elternteil oft reflexartig mit einem »Das stimmt doch nicht!«. Solche Reaktionen helfen Prüfungsängstlichen nicht, ihre Gedanken zu überprüfen und zu verändern. Das gelingt nur, wenn wir in einem ersten Schritt versuchen, diese nachzuvollziehen, und ergründen, woher diese kommen: Ist das Kind in einer Klasse, in der man ständig verglichen oder für eine falsche Antwort ausgelacht wird? Äußern sich Lehrkräfte abfällig bei Fehlern? Ist das Kind aufgrund seiner Persönlichkeit darauf bedacht, alles gewissenhaft zu erledigen und nichts falsch zu machen? Lebt man selbst vielleicht diese Einstellung vor? Oder setzt man das Kind womöglich stärker unter Druck, als einem bewusst ist?

Desna erzählt:
Meine Tochter lernte jeweils so verbissen auf Tests, dass ich sie kaum von ihrem Pult loseisen konnte. Das klingt vielleicht nach

einem Luxusproblem, aber das war es ganz und gar nicht. Ich hatte richtig Panik davor, dass sie auf ein Burnout zusteuert. Sie hatte immense Angst zu versagen. Ich konnte das kaum nachvollziehen. Eines Abends fasste ich mir ein Herz, sie zu fragen, wovor sie sich fürchtet, warum sie denkt, so gut sein zu müssen. Sie erzählte, dass sie Angst davor hat, die Kontrolle zu verlieren, wenn sie beim Lernen auch nur ein wenig nachlässt. Ich wollte wissen, wer ihr dieses Gefühl gibt. Es hat mich überrascht und mir auch wehgetan, als sie erzählt hat, dass sie am meisten Angst hat, uns Eltern zu enttäuschen. Ich war eigentlich immer der Meinung, dass wir ihr keinen Druck machen und ihr vermittelt haben, dass sie für sich selbst lernt – aber sie empfand das anders. Sie offenbarte mir, dass wir uns jeweils so sehr über ihre guten Leistungen freuen würden, dass sie automatisch davon ausging, dass wir ähnlich enttäuscht über eine schlechte Note wären. Sie erinnerte mich auch an Unterhaltungen, die mein Mann und ich in ihrem Beisein über ihren Cousin geführt hatten – und wie abwertend wir uns da geäußert hätten, als er das Gymnasium verlassen musste. Es war ein gutes Gespräch mit meiner Tochter, bei dem wir beide geweint haben. Ich konnte meiner Tochter vermitteln, dass es mir zwar wichtig ist, dass sie die Schule ernst nimmt, aber ihre Gesundheit an erster Stelle steht! Und dass sie auch ein Recht darauf hat, ihre Jugend zu genießen und Freunde zu treffen und wir nicht möchten, dass sie guten Noten alles unterordnet.

Zeige deinem Kind, dass sein Wert nicht von Noten abhängt: Prüfungsängstliche brauchen die glaubhafte Versicherung, dass sie Fehler machen dürfen. Vielen Jugendlichen haben wir in Beratungen den Auftrag gegeben, mit ihren Eltern darüber zu sprechen, wie diese bei einem Misserfolg reagieren würden. Es stärkt Kindern und Jugendlichen den Rücken, wenn ihre Eltern ihnen glaubhaft versichern können, dass sie weder wütend noch enttäuscht, gestresst oder traurig wären, wenn ihr Kind einen Misserfolg erlebt. Und dass sie stattdessen da sein, ihr Kind unterstützen und es genauso liebhaben werden, wie wenn es eine gute Note mit nach Hause bringt. Falls du merkst, dass dir das schwerfällt, findest du im nächsten Kapitel einige Hilfestellungen.

Zeige Prüfungsängstlichen, dass sie nicht alleine sind: Viele schämen sich für ihre Ängste: »Was ist, wenn ich rot werde?« oder »Hoffentlich sehen die anderen nicht, dass ich nervös bin!«. Eine Sekundarlehrerin sprach vor dem ersten Vortrag ihrer Klasse an, dass sie in ihrer eigenen Schulzeit oft Angst vor Referaten hatte. Sie schilderte ihre Gedanken wie »Hoffentlich ist es bald vorbei« oder »Was ist, wenn ich den Faden verliere oder plötzlich nicht mehr sprechen kann?«. Die Jugendlichen berichteten von ähnlichen Sorgen und erkannten dabei: Den anderen geht es ähnlich! Beim Vortragen war die Angst bei einigen zwar noch da, aber sie hatten das Gefühl, dass die Klasse ihre Nervosität sehen darf und sie unterstützt, anstatt zu verurteilen. In solch einem Klassenklima fällt es leichter, jedes Mal ein wenig mutiger zu werden und freier zu sprechen.

Normalisiere körperliche Stresssymptome: In Prüfungssituationen oder bei Vorträgen dürften fast alle Menschen merken, wie ihr Puls sich beschleunigt, die Atmung etwas flacher wird, vielleicht auch die Hände zittern und der Schweiß ausbricht. Prüfungsängstliche nehmen diese Symptome sehr sensibel wahr und erachten sie als Vorboten einer Katastrophe: »Jetzt fängt das wieder an! Mein Herz rast! Gleich fällt mir wieder nichts mehr ein!«, »Meine Stimme bricht! Was ist, wenn ich rot werde? Dann werden mich alle auslachen! Das ist so peinlich!«, »Meine Hände zittern! So kann ich doch gar nicht schreiben!«. Die körperliche Aufgeregtheit muss die Leistung jedoch nicht verschlechtern, oft wirkt sie sogar aktivierend. Das kann jeder bestätigen, der vor einer Prüfung eine schlaflose Nacht erlebte und dachte, er sei zu müde, um den Test zu schreiben. Bei der Prüfung selbst war man dann plötzlich wach und aktiviert – die Nervosität hat für die nötige Energie gesorgt. Es ist daher hilfreich, wenn wir lernen, unseren Angstsymptomen mit mehr Akzeptanz zu begegnen oder sie sogar ein wenig umzudeuten (Jamieson und andere, 2022). Wir könnten uns sagen: »Ich bin nervös, das ist bei Prüfungen normal«, »Ich kann auch einen Vortrag halten, wenn ich aufgeregt bin«, »Meine Hände zittern und meine Lehrerin kann die Schrift trotzdem lesen«. Ein Junge im Lern-Coaching formulierte für sich den Satz: »Mein Herz klopft schnell, damit genügend Blut und Sauerstoff in mein Gehirn gepumpt wird und ich gut nachdenken kann.«

Vermittle deinem Kind, dass lernen wichtiger ist als Noten: Nicht nur Prüfungsängstliche, auch Eltern und Lehrkräfte legen oft zu viel Gewicht auf Noten. Wir durften oft erleben, dass es für Jugendliche motivierend und gleichzeitig entspannend ist, wenn sie ihre Ziele anders ausrichten. Anstatt »Ich möchte in Englisch eine gute Note« könnte das Ziel lauten: »Ich möchte am Ende meiner Schulzeit auch anspruchsvolle englische Texte lesen und Alltagsgespräche führen können.« Fokussieren wir uns auf die nächste Zeugnisnote, können wir beim Lernen gewinnen oder verlieren. Konzentrieren wir uns darauf, uns eine Sprache anzueignen oder unser Allgemeinwissen zu erweitern, wird jede Unterrichtsstunde zu einer Gelegenheit, um uns zu verbessern. Als Eltern und Lehrkräfte können wir Kindern und Jugendlichen dabei helfen, eigene Ziele zu formulieren, und uns über ihre Fortschritte freuen, anstatt ständig zu beobachten, wie der Nachwuchs abschneidet.

Wir alle können zu einem gesellschaftlichen Wandel beitragen: Ein Vater meinte einmal nach einem unserer Vorträge, dass sich die Kinder »halt auch daran gewöhnen müssen, dass wir in einer Leistungsgesellschaft leben, in der es Gewinner und Verlierer gibt«. Wie wäre es, wenn wir stattdessen alle daran arbeiten würden, das ein Stück weit zu ändern? Wenn wir Kinder und Jugendliche dabei unterstützen, den für sie richtigen Platz zu finden, anstatt ihnen zu zeigen, wo sie im Vergleich zu anderen stehen? In unseren Schulen findet seit einigen Jahren ein spürbarer Wandel statt. Es wird mehr auf das einzelne Kind eingegangen, der Unterricht stärker individualisiert. Vielerorts wird mit alternativen Formen der Bewertung experimentiert. Ein Lehrer schilderte uns beispielsweise Folgendes: »Bei uns lernen die Schülerinnen und Schüler im Fach Mathematik in Lernateliers. Sie entscheiden selbst, wann sie sich für einen Test zu einem bestimmten Thema bereit fühlen. Bestehen sie diesen, können sie im Stoff weiterfahren. Falls nicht, befassen sie sich nochmal mit den bisherigen Inhalten.« Auf diese Weise fühlen sich Kinder durch Prüfungen nicht als Person bewertet, sondern sehen, was sie bereits können und ob sie zusätzliche Übungszeit investieren müssen. Eine ungenügende Leistung wird zu einer Momentaufnahme und lässt sich verbessern. Die Prüfungsaufgaben werden dabei von einem Computerprogramm zusammengestellt und teilweise auch ausgewertet, damit die Lehrkräfte entlastet werden. Der mit der Individualisierung verbundene Aufwand wird damit durch entsprechende Lehrmittel aufgefangen und nicht durch die einzelne Lehrkraft.

Zu guter Letzt möchten wir dich dazu ermutigen, Hilfe in Anspruch zu nehmen. Prüfungsängste lassen sich oft gut behandeln – beispielsweise in einer Psychotherapie oder im Rahmen eines Lerncoachings.

Unser frecher Ratgeber *Clever lernen* (Rietzler & Grolimund, 2019) vermittelt Jugendlichen ab der weiterführenden Schule konkrete Strategien, wie sie Prüfungsängste, Vortragsnervosität und Blackouts reduzieren können. Wirksame Lerntipps für unterschiedliche Schulfächer, um sich Inhalte rascher und langfristig einprägen zu können und die eigene Konzentration und Motivation zu steigern, runden das Buch ab.

»Ich mache mir doch nur Sorgen um dich!«

Sind Sorgen ein Ausdruck von Liebe? Wir denken: ja. Als Eltern lieben wir unsere Kinder von ganzem Herzen und fühlen uns für sie verantwortlich. Wir sorgen für ihr Wohlergehen, wünschen uns, dass sie glücklich sind, Freundschaften schließen und ihre Ziele erreichen. Sind sie noch klein, stehen wir am Kinderwagen und werden unruhig, wenn sie still und bewegungslos daliegen: »Atmest du noch?« Vielleicht haben wir Albträume, in denen unseren Kindern etwas geschieht, sind selbst ein wenig nervös, wenn sie in den Kindergarten oder die Schule kommen, und können schlecht einschlafen, wenn sie als Jugendliche abends mit der Clique unterwegs sind.

Was wir immer wieder überprüfen sollten, ist, wie wir mit unseren Sorgen umgehen und wie sie sich auf unsere Kinder auswirken. Helfen sie dabei, reale Gefahren von ihnen abzuwenden? Oder bewirken sie genau das Gegenteil und setzen unsere Kinder unnötig unter Druck und engen sie ein?

Ich muss gut sein, damit es meinen Eltern gut geht

Viele Eltern haben heute zu ihren Kindern ein sehr enges, liebevolles Verhältnis. Sie möchten ihre Sache gut machen, für ihr Kind da sein, es fördern und unterstützen und fühlen sich verantwortlich für dessen Zukunft.

In Beratungen und Seminaren versichern uns diese Eltern jeweils, dass sie keinen Druck ausüben möchten, sondern nur wollen, dass es ihren Kindern gut geht. Sie trösten das Kind, wenn es mit einer schlechten Note nach Hause kommt, und versichern ihm, dass es nächstes Mal sicher besser klappen wird.

Gleichzeitig sind sie selbst verzweifelt. Oft lernen sie stundenlang mit den Kindern, bereiten sie intensiv auf Prüfungen vor oder organisieren ihnen Nachhilfe und verstricken sich in Hausaufgabenkämpfe. Sie bauen die Überzeugung auf: Damit es meinem Kind gut geht, muss es in der Schule gut sein. Und es liegt in meiner Verantwortung, dafür zu sorgen!

Die Kinder wiederum spüren die Anspannung, unter der ihre Eltern stehen, können diese aber nicht einordnen. Häufig erklären sie: »Meine Eltern wollen nur das Beste für mich. Sie unterstützen mich. Ich mach mir meinen Stress irgendwie selber, keine Ahnung warum … Also meine Eltern machen echt keinen Druck.«

Aber unbewusst nehmen sie wahr: »Meine Eltern sind total gestresst, sie können mit einer schlechten Note nicht umgehen! Ich muss in der Schule gut sein, damit sie sich endlich entspannen können! Ich bin für ihr Glück verantwortlich!«

Das ist eine Bürde, die Kinder nicht auf sich nehmen sollten.

Sorgengeplagte Eltern haben oft Angst, dass ihnen alles entgleitet. Um dieser zu begegnen, neigen sie dazu, das Kind zu kontrollieren. Sie schleichen an einem freien Nachmittag beispielsweise um das Kind herum und fragen mehrmals nach, ob es noch Hausaufgaben hat, wann die nächsten Tests anstehen und wann das Kind dafür lernen möchte oder ob es bereits auf seinem Instrument geübt hat. Sie werden rasch unruhig, wenn das Kind seine Zeit nicht mit »sinnvollen Aktivitäten« verbringt.

Die fünfzehnjährige Marie erzählt:
Ich habe irgendwie immer ein schlechtes Gewissen, wenn ich beim Lernen mal Pause machen sollte oder ein paar Stunden nichts

tue. So richtig entspannen kann ich mich nur, wenn Mama und Papa nicht zu Hause sind. Sonst fühle ich mich immer beobachtet, so als würden meine Eltern ständig denken: »Was macht sie jetzt? Müsste sie nicht lernen? Sie nimmt die Schule nicht ernst genug. Hoffentlich lässt sie nicht nach.« Wenn ich einfach mal rumhänge, werden sie gleich unruhig und versuchen mich dazu zu bewegen, etwas zu machen.

»Bitte vertraut mir doch einfach!«

Permanente Sorgen darum, ob das Kind im Leben Erfolg haben wird, den richtigen Freundeskreis hat und nicht vom rechten Weg abkommt, wird von Kindern und Jugendlichen oft als tiefes Misstrauen erlebt.

Lass den Satz »Ich mache mir doch nur Sorgen um dich!« kurz auf dich wirken. Was bedeutet es für dich, wenn jemand so etwas zu dir sagt?

Wahrscheinlich wirst du daraus schließen, dass du dem Gegenüber wichtig bist – du könntest diese Aussage aber auch als Abwertung verstehen: Ich traue dir nicht zu, diesen Schritt zu bewältigen. Schon die kleinste Kleinigkeit oder Turbulenz könnte dich vom Weg ab- oder dich zu Fall bringen.

Andauernde, auch unterschwellige, Botschaften in diese Richtung machen das Kind mit der Zeit schwach und klein. Das Selbstvertrauen leidet. Gleichzeitig wird mit jeder Sorge, die geäußert wird, ein versteckter Appell mitgeliefert: »Bitte beweise mir, dass meine Ängste unbegründet sind.« Das Kind gerät nun unter zusätzlichen Zugzwang, sich an die Erwartungen der Eltern anzupassen, sich noch stärker zu verausgaben und gute Leistungen zu erbringen.

Erwachsene, deren Eltern sich viele Sorgen gemacht haben, schildern oft, dass sie andauernd das Gefühl hatten, ihren Eltern etwas beweisen zu müssen, und sie das Empfinden, nie gut genug zu sein, bis ins Erwachsenenleben hinein verfolgt.

Was hilft, wenn die Sorgen überhandnehmen?

»Soll ich mich etwa einfach raushalten, wenn alles den Bach runtergeht?«, lautet oft die trotzig-wütende Antwort, wenn jemand darauf angesprochen wird, dass er oder sie sich zu stark sorgt. Manchmal schwanken Eltern auch von einem Extrem ins andere: »Also gut, dann sage ich jetzt halt gar nichts mehr!«

Das ist nicht hilfreich – weder für die Eltern noch für das Kind.

In Familienberatungen ist uns oft aufgefallen, dass es heilsam ist, wenn Eltern aufhören, sich auf das Ergebnis oder die mögliche Katastrophe zu fixieren, und sich stattdessen fragen: »Was liegt in dieser Situation in meiner Verantwortung, was nicht? Wie will ich meine Rolle definieren? Was kann ich ganz konkret tun und was kann oder will ich nicht beeinflussen? Und wo springe ich über meinen Schatten, stelle mich meinen Ängsten und gebe ganz bewusst die Kontrolle ab?«

Nehmen wir die Schule als Beispiel: Oft tragen Eltern unbewusst die Überzeugung in sich, dass sie nur dann gute Eltern sind, wenn ihr Kind in der Schule erfolgreich ist. Diese Sichtweise führt dazu, dass sie die Noten des Kindes jeweils auch als Spiegel ihrer Erziehungskompetenz ansehen und entsprechend verärgert, enttäuscht oder verunsichert reagieren, wenn die Ergebnisse nicht stimmen.

Am Ende einer Beratung hat eine Mutter für sich definiert: *Ich bin dann eine gute Mutter, wenn ich mein Kind liebe und bestärke, wenn ich da bin und es auffange, sofern es traurig oder enttäuscht ist. Meine Tochter frustriert die Schule sehr. Sie braucht zu Hause keine gestresste Nachhilfelehrerin, sondern eine Mutter, die daran glaubt, dass sie auch ohne Glanznoten ihren Weg gehen wird, darauf achtet, dass genügend Zeit und Raum für ihre Stärken und Hobbys bleibt. Ich möchte nicht zulassen, dass die Hausaufgaben und die Prüfungsvorbereitung unsere Beziehung vergiften. Wir können gemeinsam fünfzehn Minuten pro Tag lesen, uns nach besseren Lernstrategien umsehen und die Prüfungsvorbereitung planen. Aber ich werde nicht mehr in Kauf nehmen, dass eine schlechte Note über Tage hinweg unser Familienleben überschattet.*

Vielleicht würde dein Statement ganz anders lauten, aber: Sobald man überlegt, wofür man die Verantwortung übernehmen will und wo man bewusst loslassen möchte, ist man wieder Kapitän des eigenen Schiffs und gibt den Kurs vor, anstatt ängstlich auf die Wellen zu starren.

Du kannst mir die Angst nicht nehmen

Gerade bei älteren Kindern und Jugendlichen ist es manchmal hilfreich, offen anzusprechen, wenn man dazu neigt, sich oft und über alles Mögliche Sorgen zu machen.

Häufig haben insbesondere sehr angepasste Jugendliche mit feinen Antennen das Gefühl, dass ihre Eltern sich endlich entspannen könnten, wenn sie ihnen nur zur Genüge beweisen, dass all die Sorgen unbegründet sind. Dann kann es entlastend sein, wenn das Kind hört: »Das hat nichts mit dir zu tun! Ich würde mich in jedem Fall sorgen, egal, was du tust oder erreichst, weil ich überall Gefahren lauern sehe. Du kannst mich nicht davor beschützen und brauchst das auch nicht zu versuchen. Es liegt in meiner Verantwortung, mich um meine Ängste zu kümmern – nicht in deiner.«

Übung: Wie kann ich meinem Kind mehr zutrauen?

Elterliche Sorgen können Kinder und Jugendliche vor Gefahren bewahren, sie können aber auch erdrückend wirken und die gesunde Entwicklung eines Kindes hemmen.

Sorgen haben die lästige Gewohnheit, im Kopf Karussell zu fahren: Sie tauchen immer wieder auf und ängstigen uns. Dabei neigen wir dazu, sie wieder wegzuschieben oder zu unterdrücken, was aber nur kurzfristig gelingt. Wir sollten stattdessen das Karussell anhalten und die Sorgen bitten, kurz auszusteigen, damit wir sie näher betrachten können.

Schreibe deine drängendsten Sorgen auf. Zum Beispiel:

- Was ist, wenn mein Kind die Klasse wiederholen muss? Wird das seinem Selbstwertgefühl schaden? Wird es in der neuen Klasse Anschluss finden?
- Hat mein Kind genügend Freunde?
- Warum will mein Sohn genau mit diesem Jungen befreundet sein? Der passt doch gar nicht zu meinem Kind? Und wenn er wegen dieser Freundschaft auf die schiefe Bahn gerät?

 …

Hier hast du Platz, um eine eigene Befürchtung aufzuschreiben:

____

____

____

Wenn wir uns sorgen, sehen wir oft nur Gefahren und die Schwächen und Probleme unserer Kinder. Dein Kind hat jedoch auch ganz viele Stärken, Kompetenzen und Fähigkeiten, auf die es zurückgreifen kann. Es hat ein Netz aus Menschen, die es unterstützen und ihm Sicherheit und Geborgenheit bieten. Schau dir deine Sorge an und frage dich: Welche dieser Ressourcen könnten meinem Kind wie dabei helfen, mit dieser Situation umzugehen? Beispiele könnten sein:

Der Schulweg meiner Tochter ist nicht ganz ungefährlich. Aber wir haben uns die zwei brenzligen Stellen genau angeschaut und sind den Weg mehrmals zusammen gegangen. Ich weiß, dass meine Tochter ein vorsichtiger Mensch ist und gut nach links und rechts schaut, bevor sie eine Straße überquert.

Ich kann nicht wissen, ob mein Sohn an der neuen Schule Freunde findet. Aber er ist freundlich und kommunikativ. In der bisherigen Klasse und im Stammeslager der Pfadfinder hat er rasch Kontakte geknüpft. Und auch wenn er auf der Realschule wenig Anschluss findet, hat er bereits in der Nachbarschaft und in der alten Klasse Freunde, mit denen er Zeit verbringen kann. Und er hat seinen Bruder und uns, die ihm das Gefühl vermitteln, dazuzugehören.

Jetzt bist du dran:

Welche Stärken könnten deinem Kind dabei helfen, mit einer möglichen Herausforderung umzugehen? Auf welche Unterstützung kann dein Kind zählen? Aus welchen Gründen kannst du deinem Kind etwas mehr zutrauen?

____

____

____

____

____

Manchmal ist es hilfreich, sich genau zu überlegen, was man als Elternteil zukünftig tun will, anstatt immer wieder die gleichen Fragen zu wälzen. Überlege dir dabei in einem guten Moment, was du angemessen findest. Besprich das vielleicht auch mit dem anderen Elternteil oder im Freundeskreis.

Matthias erzählt:
In unserer Region machen sich die Eltern untereinander ganz schön verrückt, wenn es auf den Übertritt zu geht. Alle wollen, dass ihr Kind aufs Gymnasium kommt und malen schwarz für den Fall, dass das nicht gelingt. Bei einigen Kindern wird schon ab der zweiten Klasse gefragt, ob es später reichen werde, und entsprechend nachgeholfen.
Mich hat das als Vater sehr beschäftigt, gerade weil unsere Tochter auf der Kippe stand. Ich war hin- und hergerissen zwischen Druck machen, Angst, dass sie etwas verpasst, was sie mir später vorwerfen könnte, und dem Wunsch, unsere Tochter vor diesem ganzen Wahnsinn zu schützen.
Mir hat es geholfen, mir zu überlegen, was ich vertretbar finde: Wie viel Vorbereitung ist in Ordnung? Wie viel Zeit muss

bleiben, in der sie Kind sein darf? Gemeinsam mit meiner Frau und unserer Tochter haben wir entschieden, dass wir jetzt im letzten Halbjahr vor der Aufnahmeprüfung 30 Minuten pro Tag investieren, um sie auf den Übertritt aufs Gymnasium vorzubereiten. Wenn es reicht, reicht es – und wenn nicht, dann können wir auch damit umgehen.

Jetzt bist du dran!

Überlege dir, wie du zukünftig mit deinen Sorgen umgehen möchtest. Was trägt sowohl deinen Ängsten Rechnung als auch dem Autonomie-Bedürfnis deines Kindes? Vielleicht traust du deinem Kind den Schulweg noch nicht alleine zu, merkst aber auch, dass es ihn sehr gerne selbst oder mit den anderen gehen würde? Dann könntest du beide Bedürfnisse berücksichtigen, indem du dein Kind begleitest und dich jeden Tag ein paar Meter früher verabschiedest, damit es den Rest alleine gehen kann.

Übung: Raus aus dem alten Film!

In einer Weiterbildung zur bindungsbasierten Beratung und Therapie sprachen wir darüber, dass manche Sorgen, die uns Eltern im Heute plagen, einer früheren Entwicklungsphase des Kindes entspringen. Oft sahen sich die Familien mit einer Situation konfrontiert, die sie stark ängstigte und emotional sehr mitnahm. Für ihr Kind mussten die Eltern in dieser belastenden Zeit aber »funktionieren«, weshalb sie ihre Gefühle oft nicht richtig verarbeiten konnten.

Darian erzählt:
Meine Frau und ich haben uns jahrelang Kinder gewünscht, aber es hat nie geklappt. Als meine Frau 40 wurde, haben wir unseren Traum der kleinen Familie endgültig begraben. Kurze Zeit später, wir konnten es nicht fassen, waren wir schwanger! Nach 12 langen Jahren und so vielen ergebnislosen Untersuchungen! Die Schwangerschaft war eigentlich eine Traumschwangerschaft, aber dann hatte meine Frau plötzlich einen frühen Blasensprung und unser ältester Sohn kam als Frühchen zur Welt. Die Geburt dauerte unendlich lange, er hatte sich verhakt, aber für einen Kaiserschnitt war es da schon zu spät. Wir waren völlig fix und alle, und die Geburtshelferin ratlos, weil nichts mehr vorwärtsging. Meine Frau und ich haben uns so machtlos gefühlt! Irgendwann kamen sie mit der Saugglocke. Und dann war er da! Den ersten Anblick werde ich nie vergessen: Jakob hatte die Nabelschnur um den Hals und war komplett blau angelaufen! Wir wussten im ersten Moment nicht, ob er überhaupt atmet. Er sah so unglaublich klein und mager aus ... Wir waren beide in blanker Panik, konnten ja nichts tun. Die Ärzte haben den Kleinen gleich mitgenommen, ihn gründlich untersucht, dann kam er direkt in den Inkubator. Wochenlang saßen wir

abwechselnd neben dem Brutkasten und streckten unsere Finger hinein. Ob er es schaffen würde? Horrorwochen waren das. Die Nachtschwester meinte, sie hätte noch nie ein Frühchen gesehen, das so im Brutkasten herumrobbt. Wahrscheinlich sucht er die Mama, sagte sie so dahin. Wir machen uns heute noch manchmal Vorwürfe, dass wir ihn damals so »alleingelassen« haben, nicht richtig für ihn da sein konnten. Irgendwie ist da immer der Druck, das wiedergutzumachen. Jetzt ist Jakob fast volljährig, man merkt praktisch nichts mehr von seinem schweren Start ins Leben. Aber diese Sorgen um ihn sind uns irgendwie geblieben. Der Gedanke, dass er es im Leben nicht schaffen könnte, sitzt uns immer noch im Nacken. Wenn er mal krank ist, eine schlechte Note schreibt oder sein Konto minimal überzieht, denke ich gleich: Er packt das allein nicht! Er kommt nicht zurecht! Jakob findet das alles übertrieben und macht sich manchmal auch ein bisschen über uns lustig. Er meint, wir sollen ihm doch einfach mal vertrauen und aufhören, so »rumzuhelikoptern« …

Ähnlich ging es Mimi, einer Mutter, die sich an mich, Stefanie, wandte, weil sie sich sorgte, dass ihre Tochter Luisa keinen Anschluss fände und zu wenig Freundinnen habe. Wir erstellten ein Schaubild mit allen Menschen und Beziehungen der Tochter, auf dem deutlich wurde, dass das Mädchen in der Schule gut eingebettet ist und langfristige, stabile Freundschaften pflegt. Die Tochter selbst konnte die Sorgen ihrer Mutter nicht nachvollziehen und versicherte glaubhaft, dass sie sich in ihrer Klasse wohlfühlt und auf ihre Freundinnen zählen kann. All das schien bei Mimi nicht anzukommen. In einer Beratungsstunde stellte ich ihr die folgende Frage: »Wann ist diese Angst, dass Luisa einsam und alleine ist, zum ersten Mal aufgetaucht?« Mimi brach in Tränen aus und öffnete sich:

Als Luisa geboren wurde, war mein Mann auf Montage. Die ersten Wochen hatte ich keinerlei Hilfe. Meine Eltern und Schwiegereltern leben im Ausland und konnten nicht kommen. Ich bin relativ bald in eine Depression gerutscht und hatte oft das Gefühl, dass ich mich nicht genügend um Luisa kümmern kann. Irgendwann habe ich mich dazu durchgerungen, eine Therapie zu machen. Aber die Schuldgefühle konnte ich nie ganz loswerden. Als Luisa zwei Jahre alt war, meinte mein Mann, es sei doch jetzt Zeit für ein Geschwisterchen. Wir hatten früher immer darüber gesprochen, wie wichtig Geschwister für Kinder sind und dass wir uns eine große Familie wünschen. Ich hätte das Luisa so gerne ermöglicht! Aber ich habe mir ein zweites Kind nicht zugetraut und hatte mächtige Angst, wieder depressiv zu werden. Es reicht doch schon, dass ich unser erstes Kind am Anfang alleine gelassen habe, ihr Vater war auch nicht da! Und sie musste wegen mir Einzelkind bleiben ... Wie soll man das jemals wieder ausbügeln können?

Falls auch dich häufiger eine intensive Angst überkommt, dass dein Kind »es nicht schaffen könnte« oder »nicht zurechtkommt«, frage dich:

- Wann ist diese Sorge um mein Kind zum ersten Mal aufgetreten? In welcher Phase?
- Gab es vielleicht eine konkrete Situation im Leben meines Kindes, die diese Angst ausgelöst hat?

Vielleicht wird dir bewusst, dass deine Sorgen und Ängste ein Überbleibsel aus der Vergangenheit sind: Das Kind ist zwar inzwischen größer geworden und hat sich weiterentwickelt, aber als Elternteil kann man das alte Bild vom hilflosen, vielleicht kranken Kind und der Gefahr, dass ihm etwas passieren könnte, möglicherweise nicht abschütteln.

Es kann entlastend sein, wenn man sich etwas Zeit nimmt, um die damalige Situation noch einmal innerlich heraufzubeschwören und dann alle belastenden Gedanken und Gefühle niederzuschreiben, die hochkommen. Dazu kannst du das expressive Schreiben nutzen. Bei dieser Methode nimmst du dir 10 bis 15 Minuten Zeit. Du legst dir ein Blatt Papier und einen Stift bereit und stellst dir einen Timer. Sobald die Zeit läuft, schreibst du alle belastenden Gedanken und Gefühle auf, die dir durch den Kopf gehen. Achte nicht auf Grammatik und Rechtschreibung, lass alles ungefiltert aufs Papier fließen und deinen Gefühlen freien Lauf. Wenn der Timer abgelaufen ist, legst du den Stift beiseite und wendest dich etwas anderem zu.

Du kannst diese Übung bei hartnäckigen Sorgen über mehrere Tage hinweg wiederholen.

Studien zu dieser Technik zeigen, dass die unangenehmen Empfindungen während des Schreibens zwar zunehmen, wir sie hinterher aber besser loslassen können (Pennebaker & Smith, 2016; Travagin und andere, 2015; Pavlacic und andere, 2019; Kacewicz, Slatcher & Pennebaker, 2007; Baikie & Wilhelm, 2005; Horn & Mehl, 2004). Durch das Aufschreiben unserer Sorgen gewinnen wir Distanz dazu und können aus dem Gedankenkarussell aussteigen.

Bemerkst du im Alltag, dass dich wieder einmal die diffuse Angst beschleicht, die du in obiger Übung identifiziert hast, kannst du dir zukünftig beispielsweise sagen: »Ja, da ist sie wieder, diese Angst um dein Kind, die du so gut kennst. Kann es sein, dass du gerade im alten Film gefangen bist, als dein Kind x Jahre alt war und y passiert ist? Du darfst diesen alten Film hier stoppen: Sieh dein Kind an: wie viel größer es geworden ist, wie es sich seither entwickelt hat, was es heute alles kann und weiß, welche Stärken es hat. Vielleicht auch Dinge, die du nie für möglich gehalten hättest! Deine Angst bezieht sich auf etwas Altes, nicht auf das Heute …«

Solltest du feststellen, dass dich ein früheres Erlebnis traumatisiert hat und es dir schwerfällt, es zu verarbeiten, möchten wir dich gerne dazu ermutigen, dir professionelle psychotherapeutische Hilfe zu suchen.

Mimi benötigte diese Unterstützung. Sie musste endlich betrauern, dass ihr Wunsch nach einer großen Familie nicht in Erfüllung ging. Einen Teil ihrer Schuldgefühle konnte sie ziehen lassen, als sie schließlich die folgende Erkenntnis zulassen konnte: »Die Entscheidung, kein zweites Kind zu bekommen, war unter den damaligen Umständen das Fürsorglichste, das ich für meine Familie und mich tun konnte.« Es half ihr, sich mit der Literatur über Einzelkinder auseinanderzusetzen und zu merken, dass die meisten ihrer Annahmen schlichtweg haltlose Vorurteile waren.

Umgang mit Stress und Sorgen: eine Frage des persönlichen Stils?

Flitterwochen: die erste gemeinsame Reise außerhalb Europas. Wir sind im Paradies gelandet! Schneeweißer Sand funkelt im Licht der untergehenden Sonne, das Meer liegt türkisblau da, Palmen wiegen sich sanft in der Meeresbrise. Hand in Hand spazieren wir am ersten Abend hinunter zum Strand, an dem Tische für ein Candlelight-Dinner aufgebaut wurden. Wir setzen uns und lächeln. »Was machst du da?«, frage ich, Stefanie, während mein Mann die Ärmel seines Hemds nach oben krempelt und unter dem Tisch aus seinen Schuhen schlüpft. »Mir ist warm, und schau, wie gemütlich, alle sind barfuß.« »Wusstest du, dass es hierzulande Hakenwürmer im Sand gibt? Fiese Parasiten, ich hab gelesen, die bohren sich durch die Fußsohle und dann entzündet sich alles«, murmle ich, während ich in meiner Tasche nach dem Mückenspray krame. Warm ist mir auch mit meinen langen Ärmeln und dem leichten, hellen Schal, wie in der Reiseempfehlung beschrieben. Schließlich sind die Malariamücken jetzt in der Dämmerung besonders aktiv! Und dann die Frage, die ich mir besser gespart hätte: »Ähm, Schatz, willst du dich vielleicht auch noch einsprühen, da an den Armen? Weil die Malariamücken ...« Schweigen. »Das ist jetzt aber nicht dein Ernst?«

Wir alle werden immer wieder mit Unsicherheiten oder potenziellen Bedrohungen konfrontiert: ob mögliche Gefahren bei einer Reise, eine frisch diagnostizierte Erkrankung, Medienberichte über

Kriminalität oder ein neues Virus in unserer Umgebung, Artikel über »Erziehungsfehler, die uns in 20 Jahren teuer zu stehen kommen«, oder eine Empfehlung der Schule, das eigene Kind abklären zu lassen.

»Jetzt lass es doch auf dich zukommen« – »Aber ich muss doch vorbereitet sein!«

Wie gehen wir mit potenziellen Bedrohungen um? Dieser Frage geht die psychologische Forschung bereits seit Jahrzehnten nach, wobei immer wieder zwei Tendenzen zum Vorschein kommen: Manche Menschen sind Informationssuchende. Sie wollen mehr über die mögliche Gefahr wissen, recherchieren ausgiebig im Internet, kaufen sich Ratgeber, möchten sich mit anderen darüber austauschen und dadurch Sicherheit erlangen (Hock & Kohlmann, 2017).

Demgegenüber stehen Menschen, die eher informationsvermeidend sind. Sie ziehen es in angespannten oder potenziell bedrohlichen Situationen vor, das Thema auszublenden, sich abzulenken und zu entspannen. Viele Konflikte in der Familie oder in Freundschaften entzünden sich an diesen gegensätzlichen Tendenzen. Wie ist das bei dir? Anhand der folgenden »Beispielvorwürfe« wird dir die Einschätzung leichtfallen.

Bist du eher informationssuchend und dein Gegenüber -vermeidend, dann ärgert dich dessen vermeintliche Passivität und Gelassenheit:

- »Das scheint dich überhaupt nicht zu interessieren – das kann ja wohl nicht wahr sein!«
- »Man kommt gar nicht zu ihm durch. Er ist total verstockt.«
- »Immer machst du alles mit dir alleine aus.«
- »Nur, weil du so tust, als wäre das Problem nicht da, geht es auch nicht weg.«
- »Du lässt mich total allein damit. Ich will doch auch nur vorbereitet sein und keine bösen Überraschungen!«

Im umgekehrten Fall störst du dich an der offenbar unendlichen Problemsezierererei deines Gegenübers:

- »Jetzt kommst du schon wieder mit diesem Thema. Darf man sich auch einfach mal entspannen?«
- »Lass es doch mal auf dich zukommen!«
- »Jetzt entspann dich und beschäftige dich nicht dauernd damit.«
- »Muss man alles zerreden? Das bringt doch jetzt auch nichts, sich darüber Gedanken zu machen, es kommt, wie es kommt.«
- »Das hatten wir doch besprochen, was ist denn jetzt schon wieder?«

Wenn das Gegenüber doch nur ein bisschen anders wäre …

Je ausgeprägter die oben beschriebenen Unterschiede sind, desto häufiger entwickeln sich mit der Zeit Grundsatzdiskussionen darüber, welcher Umgang mit Unsicherheiten und Problemen moralisch überlegen ist – und wer sich ändern müsste. Zündstoff liefert dabei auch, dass Menschen mit informationsvermeindender Tendenz nach außen hin oft wirken, als würden Probleme sie nicht kümmern. Dies ist ein Trugschluss, wie mehrere Studien nachweisen: So zeigen Menschen, die angesichts bedrohlicher Informationen angeben, *am wenigsten negative Gefühle* zu verspüren, die *höchste körperliche Erregung*. Und: Je schlechter sich das Stresssystem eines Menschen von bedrohlichen Informationen erholen kann, desto eher wird er zum Informationsvermeider. Ein Stück weit scheint es sich dabei also um einen Schutz zu handeln, um eine zu starke körperliche Anspannung zu umgehen (Derakshan und andere, 2007; Klucken und andere, 2015).

Grundsätzlich sind beide Tendenzen *in der Extremvariante* problematisch. Während exzessives Informationensuchen und Beredenwollen das Risiko birgt, zu viel zu grübeln, von einer Sorge zur nächsten zu springen und mit der Zeit Depressionen und Ängste zu entwickeln, gehen Menschen, die Bedrohungen und Unsicherheiten systematisch ausblenden, oft zu spät zum Arzt, schützen sich nicht ausreichend oder erkennen Beziehungsprobleme erst an, wenn der Partner ausgezogen ist (Myers, 2010).

Wir sind unterschiedlich – wie gehen wir damit um?

Ist unser Gegenüber gestresst, verabreichen wir ihm oft instinktiv »unsere eigene Medizin«: Als Informationssucher stellt man ihm Fragen zur Situation und seinen Gefühlen, gibt Impulse, mehr über den Sachverhalt herauszufinden, leitet Artikel weiter, erzählt von eigenen Beispielen im Bekanntenkreis. Als Vermeider rät man eher zu Ruhe, Zuwarten und bietet Ablenkung an. Je nach Passung sind am Ende unter Umständen beide frustriert.

Anstatt sich nun darin zu versuchen, den anderen »umzuerziehen«, wäre es oft hilfreicher, Unterschiede zuzulassen und anzuerkennen. Es ist befreiend, wenn man sagen darf: In diesem Punkt funktionieren wir unterschiedlich – und das darf sein!

Vieles wird leichter, wenn wir uns in diesem Aspekt besser kennenlernen und mehr Toleranz entwickeln.

Vielleicht mithilfe von Fragen der folgenden Art:

- Was hilft dir, wenn du gestresst bist?
- Was wünschst du dir dann von mir?
- Wann fühlst du dich am meisten von mir unterstützt?
- Wann glaubst du, nicht ernst genommen oder alleingelassen zu werden?
- Wo wird meine Reaktion für dich zu einer zusätzlichen Belastung?

Es ist meist mit einer gewissen Überwindung verbunden, dem Gegenüber das zu geben, was ihm hilft, und nicht das, was man selbst als hilfreich empfindet. Wenn wir ab und zu bereit sind, diese Extrameile für unsere Lieben zu gehen, schützen wir unsere Beziehungen vor unnötigen Schuldzuweisungen und Abwertungen.

Und so reibt sich mein Mann das stinkende Mückenspray auf die Arme, während er über seine »overprepared wife« schmunzelt. Ich wiederum beschließe tags darauf, ihm das Ergebnis meiner soeben beendeten Recherche über die Verbreitung des Zika-Virus vorzuenthalten, das Handy auszuschalten und endlich das Paradies zu genießen.

»Mein Kind ist anders – wie gehe ich damit um?«

Was kommt da für ein Mensch in mein, in unser Leben? Welche Charaktereigenschaften und Interessen wird mein Kind von mir haben, wie viel trägt es vom anderen Elternteil in sich? Wird es ein Junge oder Mädchen, ruhig oder wild? Und wie stark ähnelt es seinen Geschwistern? Wie wird es im Erwachsenenalter wohl sein?

Fast automatisch entwickeln wir als Eltern Vorstellungen über unsere Kinder und unsere Rolle als Mutter oder Vater. Im Alltag stehen wir vor der Aufgabe, unser Kind so zu sehen, wie es ist – und vielleicht bestimmte Vorstellungen und Erwartungen loszulassen. Das fällt manchen Eltern schon im Kleinen schwer: wenn sie akzeptieren müssen, dass ihre Tochter lieber am Computer programmiert, anstatt sich mit dem Vater aufs Rennrad zu schwingen; wenn der Sohn »sein Potenzial nicht ausschöpft« und die Chance, aufs Gymnasium zu gehen, verstreichen lässt; wenn man selbst gesellig ist und sich auf Verabredungen freut, das eigene Kind aber so introvertiert ist, dass es sich im Zimmer verkriecht, sobald der Besuch an der Tür klingelt.

Andere Eltern stehen vor größeren Herausforderungen: ihr Kind weicht nicht nur von eigenen Vorstellungen ab, auch das Umfeld, die Gesellschaft spiegelt ihnen andauernd zurück, dass ihr Kind »ganz anders ist« und in vielerlei Hinsicht nicht der Norm entspricht.

In den letzten Jahren kamen wir immer wieder mit diesem Thema in Berührung: sei es in meiner, Stefanies, damaligen diagnostischen Tätigkeit, wenn ich Eltern zurückmelden musste, dass bei ihrem Kind eine kognitive Beeinträchtigung festgestellt wurde, sei es in der Beratung von Eltern verhaltensauffälliger Kinder oder im persönlichen Umfeld.

Wir glauben, dass wir von diesen Familien viel lernen können: über bedingungslose Elternliebe, Widerstandsfähigkeit, Optimismus, Demut, Dankbarkeit, über Integrität und einen guten Umgang mit schwierigen Gefühlen.

»Irgendetwas stimmt nicht …«

Manche Eltern beschleicht bereits früh ein diffuses Gefühl, dass das Kind »irgendwie anders ist« – sehr oft, bevor Fachleute darauf eingehen.

> Georges, ein Vater von vier Kindern, erzählt:
> *Ich merkte gleich nach der Geburt, dass etwas nicht in Ordnung war. Mein Sohn hatte E.T.-artige Züge: zu viel Haut, viel schrumpeliger als üblich. Die Hebamme meinte bei der Erstuntersuchung, dass alles okay sei. Ich merkte aber, dass sie verunsichert war und mir Sicherheit bieten wollte, indem sie mich anlog. Ich sah, dass sie mehrmals die Unterlippe unseres Neugeborenen nach unten zog, die aber nicht elastisch wieder nach oben ging.*

Auch Sara sorgte sich schon früh um die Entwicklung ihres Sohnes: »Er lag wie ein gummiges Wesen in meinen Armen, konnte mit einem Jahr noch nicht sitzen und lag einfach auf seiner Decke herum«, berichtet sie, wurde vom medizinischen Personal aber immer wieder beruhigt.

Viele Mütter und Väter beschreiben, dass Hoffnung, Hilflosigkeit, Zweifel und Schuldgefühle diese Zeit prägen. Auf der einen Seite steht die Aussicht, dass sich das Kind zwar verzögert entwickelt, aber den Rückstand vielleicht noch aufholen wird. Möglicherweise benötigt es mehr Förderung oder eine Therapie? Auf der anderen

Seite mehren sich Zweifel: »Was mache ich falsch? Warum ist mein Kind so? Hätte ich dieses oder jenes tun müssen? Oder sind wir Helikoptereltern und bilden uns das alles nur ein?«

Die Schuldgefühle werden manchmal auch vom Umfeld verstärkt. Daniela, Mutter eines Sohnes mit stark ausgeprägter ADHS, berichtet:

Man wusste ja lange nicht, was Kilian hatte. So kamen aus meiner eigenen Familie und dem Umfeld oft Vorwürfe: Du bist nicht erziehungsfähig! Du hast ein unverschämtes Kind! Er hört dir gar nicht zu! Du verwöhnst ihn zu sehr! Dass du dich traust, noch ein zweites Kind in die Welt zu setzen, wenn du das erste schon nicht im Griff hast!

Endlich Gewissheit

Oft dauert es Jahre und unzählige Abklärungen, bis auf die anfänglichen Beobachtungen der Eltern eine Diagnose folgt. Diese ist für viele Familien zuerst ein Schock, kann aber auch Entlastung und neue Perspektiven mit sich bringen. Interessanterweise bestätigen mehrere Forschungsergebnisse, dass Menschen, die wissen, dass die Beeinträchtigung dauerhaft ist, langfristig glücklicher leben als solche, die glauben, man könne etwas daran ändern (Solomon, 2013).

Georges führt weiter aus:

Als unser Sohn sechs Jahre alt war, fand ein Genforscher heraus, dass er das Williams-Beuren-Syndrom hat. Für mich war das sehr entlastend. Endlich hatten wir einen Anhaltspunkt, fühlten uns verstanden mit unseren Beobachtungen bezüglich seiner Entwicklung! Die lange Ungewissheit vorher setzte uns unter Druck, weil wir Eltern und das Umfeld unseren Sohn immer mit dem Normalen verglichen. Aus diesem Blickwinkel war das Minus im Fokus. Die Diagnose wendete das Blatt hin zur Freude am Möglichen. Über jeden Fortschritt freuten wir uns. Und was unser

Sohn nicht oder nur teilweise schaffte, konnten wir besser akzeptieren, weil es zu seiner Besonderheit gehörte.

Auch für Sara war die Nachricht, dass ihr Sohn eine geistige Behinderung hat, gleichzeitig schmerzhaft und erlösend. Auch sie konnte sich nach und nach von Schuldgefühlen befreien und nach vorne schauen.

Mit einer solchen Diagnose tauchen aber auch neue Sorgen und Ängste auf, zum Beispiel: »Wird mein Kind einen richtigen Beruf lernen und selbständig leben können? Findet es einen Umgang mit seiner Andersartigkeit oder wird es daran zerbrechen? Was passiert mit ihm, wenn ich nicht mehr bin?«

Zwischen Trauer, Akzeptanz und Freude

Was hilft Familien in dieser Situation?

> Für Georges sind der Blick auf die Ressourcen und eine inkludierende Haltung wichtig:
> *Mir half es immer, wenn Leute unkompliziert fragten, wie sich mein Sohn entwickelt, was ihm gelingt, wo er seine Besonderheit und Talente hat? Und dann auch, wo er oder wir als Eltern stolpern. Alle Kinder – auch mit einer leichten oder starken und offensichtlichen Beeinträchtigung – haben eine Würde, sind ein Geschenk an die Welt, und haben ein Recht in ihr auf ein möglichst selbstbestimmtes Leben.*

Für Daniela – und für viele andere – war die Vernetzung mit anderen Eltern, die Ähnliches erleben, stärkend. Sie sagt: »Als ich in die ADHS-Elterngesprächsgruppe ging und ähnliche Probleme hörte, dachte ich: Endlich fühle ich mich verstanden! Endlich kann ich erzählen, wie es bei uns ist!«

Sara betont, dass es für sie wichtig ist, all das betrauern zu können, was einem selbst und dem Kind verwehrt bleibt:

Mit dem Wunsch nach Kindern waren viele innere Bilder verknüpft, von denen musste ich mich verabschieden. Das dauert lange an, vielleicht endet es auch nie. Ein Beispiel: Wir wohnen an einer Straße, die zum Kindergarten führt. Ich sehe immer nach den Sommerferien die Kleinen, die dort starten. Das blieb meinem Sohn verwehrt. Ich freue mich zwar immer, diese Kinder zu sehen, und gleichzeitig tut es heute noch weh. Die Trauer kommt in Wellen. Aber wenn man weiß, man darf trauern, dann kann man auch neue Bilder zulassen und sich über diese freuen. So habe ich beispielsweise viele Jahre mit meinem Fahrrad Wettrennen gegen den Schulbus der Heilpädagogischen Schule gefahren, um meinen Sohn zum Einsteigen zu motivieren. Wer gewinnt heute? Wer ist schneller? Das sind tolle Bilder in meinem Kopf von all den Kindern, die sich freuen, dass sie mich schon wieder geschlagen haben.

Hinweis: Mit Sara und Daniela durften wir längere Interviews führen und veröffentlichen. Du findest diese auf der Webseite: www.elternliebe.ch

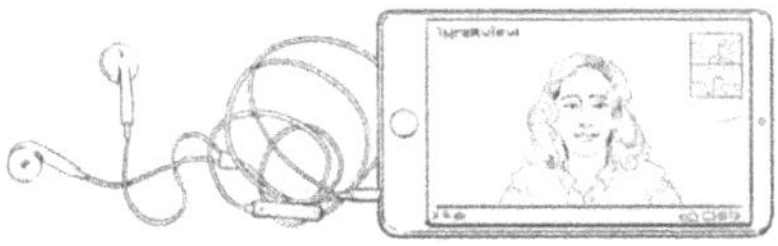

Wie begleiten wir Kinder durch die Trauer?

Traurigkeit und Trauer ist unsere natürliche Reaktion, wenn wir etwas verlieren, das uns am Herzen liegt: einen geliebten Menschen, ein Haus- oder Kuscheltier, unsere Gesundheit oder bestimmte Träume, von denen wir Abschied nehmen müssen.

Wie bei Wut, Angst, Scham oder Enttäuschung ist es auch bei diesem Gefühl wichtig, dass wir es bei unseren Kindern zulassen und sie darin begleiten können.

Da wir in unserer Arbeit vergleichsweise selten mit trauernden Familien in Berührung kommen, haben wir Franziska Bobillier um ein Interview gebeten. Sie ist Psychotherapeutin und Autorin des Buchs *Trauernde Kinder und Jugendliche psychologisch begleiten: Ein Handbuch für die Praxis* (2022).

Franziska, Kinder und Jugendliche trauern anders als Erwachsene. Wie würdest du diese Unterschiede beschreiben?
Der Hauptunterschied ist, dass Kinder viel stärker im Moment leben als Erwachsene. Sie springen – um es mit einem Bild der Pädagogin Gertrud Ennulat zu beschreiben – eigentlich in Trauerpfützen hinein und wieder hinaus. Das kann bei jüngeren Kindern sehr schnell passieren, fast im Minutentakt. Erwachsene irritiert das oft. Sie glauben, das Kind trauere nicht richtig oder es verstehe gar nicht, was hier los ist. Dabei ist das ein ganz normaler, entwicklungsfördernder Regulationsprozess. Kinder muten sich eigentlich immer so viel Trauer zu, wie sie gerade aushalten können.

Sie spüren intuitiv: Ich brauche jetzt mal kurz eine Pause von diesem schweren Gefühl. In diesen Momenten, in denen sie beispielsweise spielen oder Freunde treffen, sammeln sie Kraft, um die nächste Trauerpfütze, den nächsten schwierigen Moment wieder abfangen zu können. Erwachsene würden Kindern helfen, wenn sie das weniger kritisch und mehr als wichtige Ressource bewerten würden.

Wir können also davon ausgehen, dass Kinder zwischen Trauer und anderen Gefühlen hin- und herspringen?

Ja. Man geht heute davon aus, dass Trauern ein komplexer Regulationsprozess ist, bei dem wir immer wieder hin- und herpendeln zwischen der Hinwendung zur Lücke, zum Verlust, und der damit verbundenen Trauer auf der einen Seite und dem Fokus auf das Leben beziehungsweise die Wiederherstellung des Lebens auf der anderen Seite. Die Psychologin Margaret Stroebe und ihr Kollege Henk Schut gehen davon aus, dass die trauernde Person zwischen einem verlustorientierten und einem wiederherstellungsorientierten Pol hin- und herpendelt:

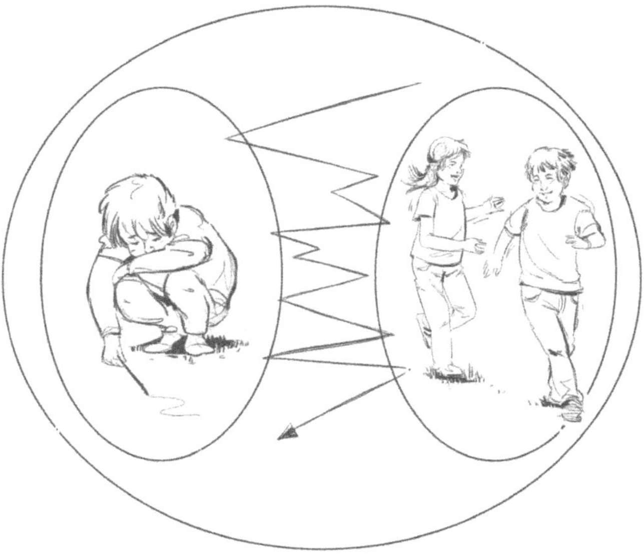

Manchmal gibt es Jugendliche, die sagen: Ich muss jetzt mal in die Disko, feiern gehen. Und das Umfeld ist schockiert: Wie kannst du jetzt so kurz nach einem Todesfall ans Feiern denken? Aber das kann zum Trauerprozess dazugehören, dass man merkt: Ich brauche diesen Rückzug. Auch wenn ich traure, darf ich trotzdem noch lachen.

Sehr verbreitet ist immer noch die Annahme, dass man die verstorbene Person mit der Zeit »loslassen« und damit die Trauer hinter sich lassen muss. Wie siehst du das?

Diese Ansicht, dass man die Person gehen lassen muss, macht Kindern oft Angst. Wohin lasse ich diese Person dann gehen? In welchen Raum? Ist es da sicher? Darf ich dann nicht mehr an sie denken?

Passender finde ich den Gedanken des Psychotherapeuten Roland Kachler, demzufolge die Trauer mit der Zeit gehen darf, aber die Liebe bleibt. Die Trauer, die Erinnerung an das Schöne und das Wissen, dass man mit diesem Menschen verbunden bleiben darf, stehen nebeneinander.

Es geht also darum, dass die Beziehung erhalten bleibt, sich aber verändert?

Ja! Wie transformiere ich die Beziehung, damit sie Teil von mir bleibt? Vielleicht denke ich in Dankbarkeit an den Menschen und die gemeinsamen Erlebnisse zurück. Manche möchten sich der Person im Alltag weiterhin nahefühlen, auch wenn sie nicht mehr da ist. Beispielsweise indem man Musik hört, die man mit ihr verbindet, oder an Orte reist, die man gemeinsam besucht hat. Das kann man auch mit Kindern tun. Sobald man ins Handeln kommt, um in Verbindung zu bleiben, gibt uns das wieder Sicherheit und Zuversicht.

Manchmal stehen Familien in solchen Zeiten auch vor der Herausforderung, neue Rituale zu etablieren, mit denen sie sich wohlfühlen. Vielleicht hat man früher Weihnachten bei den Großeltern verbracht und mit ihnen gemeinsam den Baum geschmückt. Sich dem Leben zuzuwenden kann auch bedeuten, sich zu fragen, wie man dieses Jahr Weihnachten feiern möchte, beziehungsweise wie man die Rituale wie das Baumschmücken neu gestalten möchte.

Du hast den Trauerprozess als Pendelbewegung beschrieben. Manchmal verharren Menschen ja auch auf einer Seite?
Egal ob Kinder, Jugendliche oder Erwachsene: Wer dauerhaft, d. h. zum Beispiel über viele Monate und manchmal sogar Jahre auf einer Seite verharrt, sich beispielsweise nur in der Trauer einigelt oder dieses Gefühl gar nicht zulässt und so tut, als wäre nichts passiert, braucht Hilfe.

In solchen Fällen kommen Kinder beispielsweise in die Schule und sagen: Zu Hause darf man nicht mehr lachen. Oder die Familie zieht sich nach einem Todesfall über lange Zeit zurück und es darf auch Monate später niemand zu Besuch kommen, die Kinder werden von ihren Freundschaften abgeschnitten. Dabei wäre genau das wichtig für sie.

Worauf sollten Erwachsene sonst noch achten, wenn sie Kinder nach einem Todesfall begleiten?
Zuerst ist immer wichtig, dem Kind zu verdeutlichen, dass es keine Schuld trägt. Dabei hilft es, wenn man ihm relativ konkret beschreibt, woran die Person verstorben ist. Es ist auch nicht sinnvoll, das zu beschönigen. Man sollte dem Kind sagen, dass das Herz der Oma alt und krank war und nicht mehr genug Kraft hatte, und nicht, dass sie friedlich eingeschlafen ist. Sonst kann bei Kindern plötzlich die Angst entstehen, dass andere wichtige Bezugspersonen oder sie selbst nicht mehr aufwachen.

Der zweite wichtige Punkt ist die Botschaft: Ich als Erwachsener sorge für mich und hole mir Unterstützung, um damit klarzukommen. Natürlich möchten Kinder versuchen, einen zu trösten, und das sollen sie kurz- bis mittelfristig auch dürfen, aber auf Dauer brauchen sie die Gewissheit, dass sich die Eltern um sich selbst kümmern. Nicht, dass ein Kind langfristig das Gefühl hat: Ich muss dafür sorgen, dass es meinem Elternteil wieder gut geht, und ich kann jetzt nicht in die Schule gehen.

Es kommt bei Todesfällen innerhalb der Familie auch oft vor, dass das älteste Kind Aufgaben der verstorbenen Person übernimmt. Im anfänglichen Chaos ist das normal. Aber dann sollte man dafür sorgen, dass das Kind möglichst bald wieder in seine alte Rolle zurückkehren und Kind sein darf. Vielleicht, indem man schaut: Wer kann diese Aufgaben sonst übernehmen?

Angenommen, ein Kind in meinem nahen Umfeld hat eine enge Bezugsperson verloren: Was ist dann hilfreich?

Die meisten Leute sind erst in einer Ambivalenz: Meist ist man recht wohlwollend und will unterstützen, weiß aber nicht wie. Und dann lasse ich es vielleicht lieber ganz, weil ich niemanden verletzen und in keiner Wunde herumstochern möchte. Aber das führt die betroffenen Familien in die Isolation.

Ehrliche Anteilnahme ist immer hilfreich. Vermeintlich philosophische Sprüche wie »Die Zeit heilt alle Wunden« sind dann fehl am Platz. Es geht darum, dass man einfach sagt: Es tut mir so leid, was euch passiert ist. Ich weiß nicht, was ich sagen soll, aber ich bin da. Ich denke an euch. Und ich habe mich gefragt, wie ich euch in dieser anspruchsvollen Zeit unterstützen kann?

Wir können in einem zweiten Schritt aktiv unsere Hilfe anbieten. Wenn ich Patentante eines betroffenen Kindes bin, kann ich vorschlagen, dass ich es auf einen Spaziergang mit rausnehme oder das Kind in der Kirche bei der Trauerfeier begleite. So, dass die Eltern wissen: Ihr dürft euch auf der Beerdigung um eure Trauer kümmern und müsst nicht alles schaffen. Wenn das Kind rausgehen muss, dann gehe ich mit.

Später könnte man ganz konkrete Angebote machen: Würde es euch helfen, wenn ich euch einmal wöchentlich etwas zu essen bringe, die Wäsche wasche oder das Kind zur Musikstunde fahre? Trauer ist so anstrengend, wie jeden Tag einen Marathon zu laufen.

Körperlich und psychisch zieht das die Menschen so runter, dass ihnen für das Alltägliche die Kraft fehlt.

Als Eltern eines Freundes kann man das Kind der Familie weiterhin zu sich einladen, anstatt zu denken, das sei jetzt unpassend.

Was man nicht tun sollte, ist zu sagen: Du meldest dich, wenn man dir irgendwie helfen kann. Das machen die Leute nicht, weil die Energie fehlt und die Scham da ist, um solche alltäglichen Dinge zu bitten. Oft sehe ich, dass die Menschen zunächst sehr verständnisvoll im Umgang mit Trauernden sind, aber dass dies oft mit der Zeit stark nachlässt, dabei unterliegt die Dauer der Trauer in der Realität keiner strikten Norm, sondern ist individuell.

Es ist auch schön, wenn man sich zum Todestag meldet und ausdrückt, dass man heute an die Familie denkt. So erkennen wir auch an, dass die Toten Teil des Lebens der Trauernden bleiben, und gleichzeitig bleiben wir selbst auch in Beziehung zu den Hinterbliebenen.

Wenn Eltern sich trennen

»Die Eltern von Daniel lassen sich scheiden.« Ich weiß noch, wie dieser Satz bei mir, Fabian, einschlug. Ich war zirka acht Jahre alt und mein bester Freund hatte mir erzählt, dass die Eltern eines Klassenkameraden sich trennen werden. Bis zu diesem Zeitpunkt war mir – zumindest auf emotionaler Ebene – nicht bewusst, dass Eltern sich plötzlich nicht mehr lieben und auseinandergehen könnten. Am Abend mussten mir meine Eltern versichern, dass sie sich »ganz, ganz sicher nie scheiden lassen werden«.

Heute haben Trennungen und Scheidungen den Anstrich von etwas Alltäglichem. Schließlich werden rund 40 Prozent aller Ehen wieder aufgelöst. Das hat den Vorteil, dass getrenntlebende Eltern heute weniger stigmatisiert werden. Es hat aber auch den Nachteil, dass viele Eltern unterschätzen, was eine Trennung alles mit sich bringt.

Im Bekanntenkreis haben wir in den letzten Jahren mehrmals miterlebt, dass Eltern davon ausgingen, dass sie die Trennung »als reife Erwachsene« relativ zügig über die Bühne bringen können und die Scheidung einen Schlussstrich unter eine unbefriedigende Beziehung setzt. Erst im Nachhinein wurde klar, wie schwierig es sein kann, wenn man plötzlich viele wichtige Entscheidungen gemeinsam mit jemandem treffen muss, den man gerade verlassen hat, weil vieles im Argen lag, und man kaum mehr miteinander reden konnte.

Und plötzlich sahen sich Eltern, die sich geschworen hatten, genau das den Kindern zuliebe nicht zu tun, mit Anwälten vor Gericht, stritten erbittert darum, wer die Kinder wie oft »haben« darf, wie hoch die Alimente ausfallen sollen und wer der bessere Elternteil ist.

Trennung ist fast immer eine Belastung für die Kinder

Eine Bekannte war überrascht, wie heftig ihre Kinder auf die Scheidung reagierten. Sie ging davon aus, dass die ständigen Streitereien für die Kinder schlimmer sind als eine Trennung. Wir glauben, dass sie mit dieser Einschätzung richtig lag. Nur hat sie unterschätzt, wie sehr Kinder doch darauf hoffen, dass die Eltern es irgendwie »hinbekommen«.

Kinder gehen ganz selbstverständlich davon aus, dass sich ihre Eltern lieben. Auch dann, wenn diese immer wieder streiten. Erfahren sie durch die Trennung, dass dem nicht so ist, erschüttert sie das in ihrer Bindungssicherheit: Beziehungen können also einfach zerbrechen! Da liegt es für Kinder nicht fern, sich zu überlegen, ob die Eltern vielleicht auch sie plötzlich nicht mehr lieben, sie vielleicht sogar verlassen könnten. Dieser Eindruck wird verstärkt, wenn sie den ausziehenden Elternteil kaum noch sehen können oder dürfen.

Manche Kinder reagieren aus dieser Angst heraus sehr anklammernd. Sie folgen dem Elternteil auf Schritt und Tritt, lassen ihn kaum aus den Augen und wollen vielleicht nicht mehr zur Schule oder in den Kindergarten.

Andere werden aggressiv und wieder andere verfolgen die Strategie, ganz brav und angepasst zu sein, um den Eltern ja keinen Anlass zu weiterem Kummer zu geben und nicht Gefahr zu laufen, auch verlassen zu werden. Gerade jüngere Kinder glauben zudem oft, dass sie der Grund für die Trennung waren. Dann kann hinter besonders angepasst wirkendem Verhalten auch die Hoffnung stehen, dass die Eltern wieder zusammenkommen, wenn man sich als Kind viel Mühe gibt.

Vor allem aber sind die Kinder in der Phase nach der Trennung traurig. Doch wie können Eltern dafür sorgen, dass Kinder die Trennung möglichst gut überwinden?

Was brauchen Kinder, wenn die Eltern sich trennen?

Wenn ein Kind mit Wut oder Trauer auf die Trennung reagiert, geraten viele Eltern in eine Verteidigungshaltung. Anstatt das Kind zu trösten und ihm diese Gefühle einzugestehen, reagieren sie mit Argumenten und erläutern dem Kind, dass die Entscheidung richtig war.

Es hilft dem Kind aber nicht, wenn es lediglich erfährt, dass man sich »auseinandergelebt« hat oder eine Trennung doch besser sei, als sich immer zu streiten. Schließlich erwarten die Eltern ja auch, dass man sich nach einem Streit mit dem Geschwister wieder verträgt, und gehen davon aus, dass man sich trotzdem liebt. Warum sollte diese Regel für die Erwachsenen nicht gelten? Je besser es den Eltern gelingt, die Wut und die Trauer des Kindes auszuhalten, desto besser kann das Kind diese Gefühle verarbeiten und in der Beziehung zu ihnen neue Sicherheit gewinnen. Als Mutter oder Vater kann man sich vielleicht bewusst machen: »Ich weiß, dass die Trennung richtig war. Aber mein Kind kann das noch nicht nachvollziehen und braucht jetzt einfach Trost.«

Marianne Nolde, die das wunderbare Buch *Eltern bleiben nach der Trennung* (2020) geschrieben hat, nennt neben der Begleitung des Kindes einen Punkt, der noch wichtiger ist: Das Kind sollte möglichst rasch erfahren, dass es keinen Elternteil verliert, sondern sich hauptsächlich die Betreuungssituation verändert.

Dazu braucht es von beiden Elternteilen ein klares Bekenntnis zur Elternschaft des anderen: Wir sind kein Paar mehr, aber wir bleiben beide die Eltern unserer Kinder und wollen uns diese Rolle zugestehen. Es mag wenige Ausnahmen geben, in denen es tatsächlich besser ist, wenn der Kontakt zu einem Elternteil minimiert oder abgebrochen wird. Beispielsweise wenn ein sexueller, psychischer oder physischer Missbrauch des Kindes Grund für die Trennung war.

In den meisten Fällen ist es für Kinder aber essentiell, dass sich ihre Eltern diese Haltung erarbeiten. Der Psychologe Kemal Temizyürek spricht von Bindungsfürsorge (2018) und beschreibt damit eine wertschätzende Haltung von Eltern gegenüber den gewachsenen Bindungen ihrer Kinder zu anderen Bezugspersonen und das Bemühen, diese Beziehungen zu erhalten. Bei getrenntlebenden Eltern äußert sich dies in einer Haltung und dem konkreten Verhalten, das dem Kind verdeutlicht: »Du darfst weiterhin beide Elternteile lieben.«

Wie wichtig das ist, zeigt eine frühe Studie der Kinder- und Jugendsoziologin Anneke Napp-Peters (1995), die 150 Scheidungsfamilien in einer Längsschnitt-Untersuchung begleitet hat. Ihr Fazit: Kinder, die nach einer Scheidung keinen oder kaum Kontakt zu einem Elternteil hatten, fühlten sich abgewiesen, minderwertig und hatten später mehr Probleme. Kinder, die ähnlich viel mit Mutter und Vater zu tun hatten, wurden glücklicher, lebensbejahender, stabiler.

Zu wissen, wie wichtig dies für die Entwicklung des eigenen Kindes ist, kann Eltern dabei helfen, sich über eigene Enttäuschungen und Verletzungen hinweg für die Bindungen des Kindes einzusetzen.

Carsten Vonnoh, Autor von *Up to Dad* (2021) und selbst getrennt erziehender Vater, schreibt dazu in seinem Buch aus Sicht eines Kindes: »Wenn ich abgeholt und zurückgebracht werde, erlebe ich euch für einen kurzen Moment gleichzeitig. Lasst mich spüren, dass ihr hier und heute Verbündete für mich seid.«

Druck, Frust und schlechte Noten: Was dein Kind von dir braucht, wenn es in der Schule schwierig wird

»Ihre Tochter muss einfach lernen, sich zu konzentrieren und ihre Sachen pünktlich abzugeben! Ende der zweiten Klasse muss ein Kind ein Hausaufgabenheft führen können, Punkt.« Mit dieser Rückmeldung und der Forderung, sich als Eltern mit Hilfe zurückzuhalten, verließen Sara und Patrick das schulische Standortgespräch.

Wie viele andere Eltern, die Ähnliches erleben, fühlten sie sich unter Druck, etwas zu unternehmen, gleichzeitig aber hilflos, weil es von Seiten der Schule lediglich hieß: Das Kind muss dieses lernen, jenes können, wir setzen das voraus.

Wenn Kinder sich mit dem Lesen, Schreiben und Rechnen schwertun, zu Tagträumen neigen, ein langsames Arbeitstempo haben, sich leicht ablenken lassen und vergesslich sind, hören sie von Erwachsenen immer wieder, dass sie:

- »nicht rumtrödeln und mal in die Gänge kommen müssen.«
- »ihren Kopf einschalten sollen!«
- »sich einfach mehr anstrengen und üben müssen.«
- »sich nicht immer ablenken lassen dürfen.«

Auch Eltern, die sonst sehr zugewandt und geduldig sind, rutschen im Zusammenhang mit der Schule und den Hausaufgaben solche Ermahnungen heraus. Oft steckt dahinter die Angst, dass die Zukunft des Kindes bedroht ist, wenn es jetzt nicht »aufwacht«, der »Knoten nicht langsam platzt«, es sich nicht stärker bemüht. Es wird von »Gas geben«, abfahrenden Zügen, Weichen, die beim Übertritt gestellt werden, und Abstellgleisen gesprochen.

Wenn der Druck um sich greift

Wenn Kinder in der Schule auf Schwierigkeiten stoßen, ist das für Eltern und teilweise auch Lehrkräfte schwer mitanzusehen.

> Cedric, Stiefvater der neunjährigen Lili erzählt:
> *Unsere Tochter ist jetzt in der dritten Klasse, liest aber wie andere Kinder am Ende des ersten Schuljahres. Ich versuche, täglich ein wenig mit ihr zu lesen, aber sie weicht immer aus. Ich muss sie regelrecht zwingen. Und dann sitzt – oder besser gesagt liegt – sie über dem Tisch, den Kopf auf dem Ellenbogen, stöhnt, liest zwei Wörter und will schon wieder, dass ich übernehme. Ich muss sie für jedes einzelne Wort motivieren. Und das ärgert mich so! Ich weiß, dass sie noch zu jung ist, um zu verstehen, wie wichtig Lesen ist. Aber wenn sie weinerlich wird, rumdiskutiert und nach zwei Minuten aufs Klo flüchten will, dann rutschen mir auch mal Drohungen raus oder ich schnauze sie an. Bei mir kommt da eine toxische Mischung aus Angst und Wut hoch. Angst, dass sie später keinen Beruf ausüben kann, der ihr gefällt – und sie uns deswegen Vorwürfe machen wird. Und Wut, weil sie meine Unterstützung nicht annimmt und sich gegen alles wehrt, was ihr helfen könnte.*

> Isabel, Lehrerin an einer Grundschule, berichtet:
> *Ich habe 25 sehr unterschiedliche Kinder in der Klasse. Gerade die langsamen, verträumten gehen da völlig unter. Neu sollen an unserer Schule alle Kinder während acht Unterrichtsstunden selbstorganisiert lernen. Im Moment bin ich nur damit*

beschäftigt, für die nötige Ruhe zu sorgen. Ich komme gar nicht dazu, bei allen kurz vorbeizuschauen. Manche Kinder sind mit dem selbständigen Arbeiten aber so überfordert, dass sie in diesen Stunden überhaupt nicht vorankommen. Sie schauen aus dem Fenster, trödeln. Mir tut das so leid, weil ich ja weiß, dass sie mehr Begleitung bräuchten. Aber mir fehlt schlicht die Zeit, um allen gerecht zu werden.

Raffaela, Mutter des siebenjährigen Can, verzweifelt an den Hausaufgaben:
Wenn ich mich dann mit anderen Müttern austausche, bin ich noch deprimierter. Deren Kinder sind in kurzer Zeit mit den Hausaufgaben fertig und lösen sie alleine. Bei uns geht das überhaupt nicht! Ich muss neben Can sitzen, sonst macht er keinen Strich. Und wenn ich für fünf Minuten aufstehe mit der Anweisung »Lös das zu Ende«, komme ich zurück und es ist wieder nichts gemacht! Lieber spielt er mit dem Radiergummi, starrt an die Wand oder fingert an irgendetwas herum. Seit der ersten Klasse bringt er am Freitag immer einen Berg Aufgaben mit nachhause, die er während der Woche in der Schule nicht geschafft hat.

Im Teufelskreis

Wenn unser Kind an den Rechenaufgaben verzweifelt, stockend liest oder sich kaum konzentrieren kann, möchten wir ihm beistehen. Wir fühlen uns dazu gezwungen, es anzuleiten und Verpasstes mit ihm zu üben, damit es endlich wieder Erfolge erlebt.

Dabei werden wir oft in einen Strudel aus Hilflosigkeit, Frust und gegenseitigen Verletzungen hineingezogen.

Zu Beginn stößt das Kind auf Schwierigkeiten und merkt, dass es alleine nicht weiterkommt. Nun wird es unangenehm: Niemand gibt gerne zu, dass er etwas nicht kann, das anderen scheinbar mühelos gelingt. Vielleicht fühlt sich das Kind nicht nur verunsichert, sondern erinnert sich zusätzlich an vergangene Misserfolge, die ihm noch in den Knochen stecken. Es hat Angst, den Stoff wieder nicht zu verstehen, und reagiert bei der kleinsten Korrektur so empfindlich, als würde man in eine offene Wunde fassen. Auch Eltern, die eine vertrauensvolle, liebevolle Beziehung zu ihrem Kind pflegen, beschleicht an dieser Stelle oft das Gefühl, es ihrem Kind sowieso nicht recht machen zu können. Während das Kind immer frustrierter wird und beispielsweise einfordert, dass ihm die Eltern »jetzt einfach sagen sollen, was man schreiben muss!«, möchten die Eltern zum Mitdenken anregen: »Ich will es dir doch nur erklären, damit du es verstehst.«

Mit der Zeit stellt jedes Arbeitsblatt die Beziehung auf die Probe, artet das gemeinsame Lernen immer mehr in Streit, Schuldzuweisungen, Frust und Sorgen aus. In vielen Familien werden die Hausaufgaben und das Lernen zu Hause zu einer zähen Nachmittagsveranstaltung, in der viel diskutiert und kaum produktiv gearbeitet wird.

Was kannst du tun, wenn du und dein Kind in diesem Teufelskreis feststecken? Wir möchten dir an dieser Stelle einen kleinen Erste-Hilfe-Koffer an die Hand geben. Wenn du dich weiter vertiefen möchtest, findest du am Ende dieses Kapitels weitere Buchempfehlungen.

Setze die Beziehung zu deinem Kind an erste Stelle – sie ist die Grundlage für gutes Lernen

Beim Lernen macht dein Kind viele Beziehungserfahrungen. Es bemerkt das Lächeln oder den kritischen Blick seiner Lehrerin, den abfälligen Kommentar der Klassenkameradin oder den angespannten Tonfall in deiner Stimme. All diese Beziehungssignale speichert es ab und verbindet sie mit dem jeweiligen Fach.

Als Eltern sind wir manchmal so stark auf den Stoff konzentriert, dass wir gar nicht registrieren, welche Signale wir aussenden. Wir bemerken kaum, dass wir die Stirn runzeln, die Augenbrauen hochziehen, uns zurücklehnen und die Arme verschränken, genervt den Kopf schütteln oder seufzen. Unsere Kinder hingegen nehmen mit ihren feinen Antennen jede unserer Gefühlsregungen wahr.

Mit der Zeit stellen sie unbewusste Verbindungen her. Beispielsweise: Lernen ist gleichbedeutend mit angespannten Beziehungen. Oder ganz anschaulich: Wenn es ums Lesen geht, gibt es Streit.

Wie bedeutend diese Gefühle sind, merken wir Erwachsenen, wenn wir unsere eigenen Verknüpfungen heraufbeschwören: Wie fühlst du dich, wenn du vor anderen Kopfrechenaufgaben lösen, Französisch sprechen, einen Vortrag halten, singen oder auf einer Weltkarte ein Land suchen musst? Sofort tauchen Empfindungen auf: Freude, Angst, Scham, Zuversicht – und Gedanken wie »Oh Gott, alles nur das nicht«, »Wie peinlich!«, »Das konnte ich noch nie« oder »Ich liebe Fremdsprachen«. In Sekundenschnelle spürst du körperlich, ob du auf so eine Situation zugehen oder sie vermeiden möchtest.

Den Kindern geht es ähnlich: Jede Lernsituation, in der Kinder in einer entspannten Atmosphäre arbeiten, sich kompetent fühlen, Anerkennung erhalten, stärkt ihre Motivation. Jede schlechte Beziehungserfahrung führt hingegen zu noch mehr Widerstand und dem Wunsch, das Fach oder das Lernen insgesamt zu vermeiden.

Das zu lesen kann einen ganz schön unter Druck setzen. Und vielleicht denkst du: »Wie soll ich denn bitteschön ruhig bleiben, wenn sich mein Kind so sträubt? Soll ich etwa zulassen, dass es gar nichts mehr macht?!«

Dürfen wir dir an dieser Stelle einige Experimente vorschlagen, die bereits viele Familien aus dieser Sackgasse herausgeführt haben?

Damit es für alle leichter wird, müssen wir uns zuerst vom Fokus lösen, dass die Fortschritte des Kindes das wichtigste Ziel unserer Unterstützung sind. So paradox es klingt: Wenn wir möchten, dass unsere Kinder mit der Zeit leichter und lieber lernen, dürfen wir den Lernerfolg nicht an erste Stelle setzen. Wir haben im Laufe der Jahre hunderten Eltern den folgenden Impuls mit auf den Weg gegeben:

Die Beziehung zum Kind ist wichtiger, als dass jedes Arbeitsblatt fertig wird!

Um diesen Impuls in die Tat umzusetzen, kannst du die folgenden Experimente ausprobieren:

Übung: Horche kurz in dich hinein

Wenn wir Eltern in Workshops fragen, an welchen Tagen es mit den Hausaufgaben besonders schwierig ist, antworten die meisten: »Wenn ich selbst unter Druck stehe«, »Wenn ich gestresst bin«, »Wenn uns die Zeit davonläuft« oder »Wenn im Vorfeld schon viel passiert ist und meine Akkus leer sind«.

Nimm dir einen kurzen Moment, um in dich hineinzuhorchen, bevor du mit deinem Kind lernst. Falls du bemerkst, dass du angespannt bist und dich unter Druck fühlst, kannst du eine der folgenden Möglichkeiten ausprobieren:

1. Du gestehst dir zu, dass deine Kraft heute nicht ausreicht, um dein Kind zugewandt durch die Hausaufgaben oder Prüfungsvorbereitung zu begleiten. Vielleicht kannst du eine andere Bezugsperson deines Kindes bitten, das für heute zu übernehmen? Oder du ermutigst dein Kind dazu, es allein zu versuchen?
2. Du fragst dich, was dir guttun würde, um jetzt Kraft zu tanken, und kümmerst dich zuerst um dich. Manchmal reichen fünf Minuten, in denen wir bewusst einen Tee trinken, eine Achtsamkeitsübung durchführen oder mit den Kindern an die frische Luft gehen, um kurz durchzuatmen.
3. Du sprichst deinem Kind gegenüber offen aus, wie es dir geht. Beispielsweise: »Ich hatte heute einen anstrengenden Tag und merke, dass ich gerade etwas angespannt und empfindlich bin. Wie könnten wir es schaffen, dass die Hausaufgaben heute möglichst entspannt ablaufen?« Kinder reagieren oft viel kooperativer, wenn man mit offenen Karten spielt und nicht versucht, alle unangenehmen Gefühle wegzulächeln.

Übung: Lass nicht zu, dass die Situation eskaliert

Vielleicht seid ihr gut gestartet, aber jetzt wird es ungemütlich: Dein Kind motzt, nörgelt an dir oder den Hausaufgaben herum, stöhnt, vergräbt den Kopf in der Armbeuge und dir wird es zu viel.

Bevor ihr euch jetzt in die Haare bekommt, rufst du dir in Erinnerung, dass die Beziehung zu deinem Kind wichtiger ist als das Erledigen eines Arbeitsblattes.

Bring das deinem Kind gegenüber zum Ausdruck: »Ich habe das Gefühl, wir rutschen gerade beide in eine schlechte Stimmung. Ich möchte nicht, dass wir uns wegen der Schule streiten. Ich glaube, wir brauchen eine Pause.« Unterbrecht dann das Lernen und schau, was passiert.

Die meisten Eltern befürchten, dass ihr Kind dies ausnutzen und in Zukunft gar nichts mehr für die Schule tun würde. Zum Erstaunen der Erwachsenen reagieren die Kinder oft ganz anders: Sie fragen von sich aus nach einer Verschnaufpause, ob man ihnen jetzt nochmals helfen könnte.

Je weniger man Kinder unter Druck setzt und sie zu etwas zwingt, desto mehr können sie von sich aus wollen.

Warte diesen Moment ab. Falls dein Kind mürrisch einwilligt: »Okay! Ich mach ja schon!«, und in schlechter Stimmung weiterarbeiten möchte, kannst du ihm verdeutlichen, dass du nicht gewillt bist, eine Eskalation in Kauf zu nehmen: »Ich merke gerade, dass ich anfange, mich zu ärgern. Das möchte ich nicht. Ich brauche jetzt eine Pause.«

Wann immer es euch danach gelingt, in einer entspannteren Atmosphäre einen zweiten Anlauf zu nehmen, ist das wie eine kleine Einzahlung auf das Motivationskonto deines Kindes.

In unserer Weiterbildung in Lerncoaching berichtete eine Lehrerin der fünften Klasse von einem Jungen, der seit eineinhalb Jahren die Hausaufgaben verweigert. Jeden einzelnen Tag erhielt er einen Strich im Klassenbuch und jede Woche eine Strafaufgabe: Ohne Erfolg. Sie fragte uns, was sie tun könnte, und wir rieten ihr, die Beziehung ins Zentrum zu rücken. Sie behielt den Jungen am Montag nach dem Unterricht im Klassenzimmer und sagte zu ihm: »Ich habe festgestellt, dass wir jeden Morgen schlecht starten. Ich frage dich, ob du die Hausaufgaben erledigt hast. Du sagst nein und ich gebe dir einen Strich oder eine Strafe. Ich möchte, dass du gerne in den Unterricht kommst und ich mich weniger ärgere. Deswegen erlasse ich dir die Hausaufgaben. Du musst sie nicht mehr machen, ich frage nicht mehr nach.«

Sie erzählte uns einige Wochen später:

Er strahlte übers ganze Gesicht. Er war so erleichtert, dass er keine Hausaufgaben mehr hat. Im Unterricht machte er viel motivierter mit. Am meisten hat es mich allerdings erstaunt, als er nach zwei Wochen von sich aus auf mich zukam und meinte, dass er es schon etwas komisch fände, als Einziger keine Hausaugaben zu haben – und ob er vielleicht doch wieder welche bekommen könnte.

Schützt euch davor, dass die Schule zum alles dominierenden Thema wird

Viele Kinder mit Lernschwierigkeiten beklagen, dass sie sich auf ihre Schwächen reduziert fühlen und sich scheinbar alles den ganzen Tag nur noch um das Thema Schule dreht.

Wie wir im Kapitel *»Ich mache mir doch nur Sorgen um dich«* bereits geschrieben haben, ist es wertvoll, wenn du dir als Elternteil überlegst, wie viel zusätzliche Lern- und Hausaufgabenzeit für dein Kind zumutbar ist und wo du zu seinem Schutz eine klare Grenze ziehen solltest.

In vielen Familien konnten wir beobachten, wie zu Hause immer mehr Zeit aufgewendet wurde, um zusätzlich zu üben und Lücken aufzuarbeiten – oft mit dem Effekt, dass die Kinder irgendwann so erschöpft und schulmüde waren, dass sie sich im Unterricht zunehmend ausklinkten.

> Die Mutter eines Grundschülers erzählte in unserem Elternkurs »Erfolgreich lernen mit ADHS und ADS«:
> *In der Klasse unseres Sohnes arbeiten sie mit einem Wochenplan. Damit kommt er überhaupt nicht zurecht. Er sitzt bei der Stillarbeit die Zeit ab und bekommt nichts gebacken. Am Ende der Woche schickt ihn der Lehrer mit den ganzen unerledigten Aufgaben nach Hause. Da heißt es einfach: »Wer im Unterricht nichts macht, muss es halt zu Hause erledigen.« Manchmal frage ich mich, was der Lehrer sich da vorstellt? Dass unser Sohn zu Hause plötzlich selbständig arbeitet? Natürlich nicht! Wir verbringen mittlerweile das komplette Wochenende damit, alles aufzuarbeiten. Das macht mich echt aggressiv. Manchmal habe ich das Gefühl, es wäre leichter für uns, wenn er überhaupt nicht zur Schule ginge. Dann hätten wir vielleicht mal ein richtiges Wochenende und könnten die Arbeit unter der Woche erledigen, wo er sonst nur rumsitzt und nichts macht.*

Damit sich unsere Kinder gesund entwickeln können, brauchen sie Phasen, in denen sie sich erholen können – und Zeiten, in denen sie ihren Stärken und Interessen nachgehen können.

Es ist niemandem geholfen, wenn man all das opfert, um stundenlang zu lernen.

Fast immer durften wir erleben, dass es hilfreich war, wenn Eltern sich selbst erlauben, die Hilfslehrerrolle abzustreifen. Und so kannst du dabei vorgehen:

Übung: Setz dich für eine gesunde Balance ein

1. Lege eine zeitliche Obergrenze fest, die für die Hausaufgaben und die Prüfungsvorbereitung aufgewendet wird. Beispielsweise: Wir setzen eine Stunde pro Tag für die Schule ein, mehr nicht. Wir arbeiten dabei dreimal 20 Minuten, unterbrochen durch kurze Pausen.
2. Wir nutzen diese Zeit so effektiv wie möglich. Dazu informieren wir uns über gute Lernstrategien und sinnvolle Hilfsmittel.
3. Wir vereinbaren einen Termin mit der Lehrkraft und sprechen offen über unsere Überforderung. Wir bitten sie um Hilfe.

Dem letzten Punkt begegnen viele Eltern mit Skepsis. Aber erfahrungsgemäß möchten die meisten Lehrkräfte nicht, dass Kinder stundenlang vor den Hausaufgaben versauern und jegliche Lernfreude verlieren. Oft sind sie sich aber nicht darüber im Klaren, welcher Aufwand zu Hause betrieben wird.

Die allermeisten Lehrkräfte sind bereit, sich auf eine Lösung der folgenden Art einzulassen:

Das Kind erhält ein entwicklungsgerechtes Zeitbudget für das Lernen zu Hause. Wenn das Kind konzentriert gearbeitet hat und in dieser Zeit nicht fertig wurde mit den Hausaufgaben, darf es diese abbrechen.

Diese Vereinbarung löst bei Eltern zuerst oft Ängste aus: »Was ist, wenn mein Kind dadurch wichtigen Stoff verpasst?« oder »Dann werden die Lücken doch noch größer!«.

An dieser Stelle ist es entlastend, wenn du dir bewusst machst, dass die Qualität wichtiger ist als Quantität. Man kann die Lernprobleme nicht lösen, indem man den Alltag jedes Jahr mit noch mehr Übungszeit vollstopft. Die meisten Kinder sind erleichtert, wenn man ihnen diesen Vorschlag unterbreitet, und sind eher gewillt, in der begrenzten Zeit produktiv zu arbeiten.

Manchmal stoßen Eltern aber auf Lehrkräfte, die sich keinen Millimeter auf das Kind zubewegen und an rigiden Vorgaben festhalten. Sie beharren darauf, dass die Regeln für alle Kinder gleich sind und keine Extrawürste gebraten werden oder sie weisen mit süffisantem Unterton darauf hin, dass das Kind eben nicht in diese Schule gehört, wenn es dieses oder jenes nicht leisten kann.

In diesem Fall solltest du dich nicht unnötig an der Lehrkraft abarbeiten. Du darfst dein Kind vor Überforderung schützen: Lass es jede zweite Rechenaufgabe lösen und den Rest mit dem Taschenrechner bearbeiten. Hilf ihm bei unnötigen Ausmalübungen oder diktiere ihm die restlichen Sätze, wenn es die vorgesehene Zeit überschreitet.

Sara und Patrick, die zu Beginn dieses Kapitels im Elterngespräch unter Druck gesetzt wurden, mussten lernen, für das Wohl ihrer Tochter einzustehen.

Sie erzählten uns:
Was uns Eltern half und immer noch hilft, dem Druck aus der Schule nicht nachzugeben, ist die Haltung: Ein Kind wird nie gute Leistungen erbringen, wenn es ihm nicht wohl ist. Erst, wenn das Umfeld stimmt, kann man weiterschauen. Wir hatten dann Glück, dass unsere Tochter in ein kleineres, ländlicheres öffentliches Schulhaus mit 35 Schülerinnen und Schülern und altersdurchmischten Klassen wechseln konnte. Sie meinte dazu: »Weißt du Mama, wenn ich zum Fenster rausschau, sehe ich einfach Grün.«
Das Lehrerteam geht pragmatischer vor und sagt beispielsweise: »Ja, Noelia ist eben etwas langsamer. Wenn es nicht mehr geht, soll sie kurz raus, eine Runde rennen gehen.« Das wäre zuvor undenkbar gewesen. Auch betont der Lehrer ihre Begabungen im musischen und sportlichen Bereich.

In diesem Zusammenhang hat es mir, Patrick, enorm geholfen, Noelias aktuellen Lehrer als Menschen kennenzulernen. Ich durfte als Betreuer mit ins Skilager der dritten bis sechsten Klasse. Ich merkte: Der spult nicht sein Programm ab, sondern der will den Kindern etwas fürs Leben mitgeben, und das gab mir Vertrauen in ihn als Person. Es hat es mir leichter gemacht, bei den Elternabenden ehrlich zu sein. Ich möchte nicht die Lehrer angreifen, was sie alles falsch machen. Mir ist bewusst, dass die Lehrkräfte dieses Schulsystem vertreten müssen, ich denke, dass sie es ja auch hinterfragen. Dabei helfen ihnen auch Rückmeldungen dazu, wie es den Kindern mit der Schule geht.

Mir, Sara, hilft mein Alter dabei, mich abzugrenzen. Unsere älteste Tochter hatte ähnliche Probleme in der Schule, aber da traute ich mich nie, etwas zu sagen, und fühlte mich im Gespräch mit Lehrkräften immer so unterlegen! Im Nachhinein bereue ich das. Jetzt begegne ich ihnen mehr auf Augenhöhe und mache mir klar: Ich weiß auch etwas! Wir sagen es, wenn wir merken, dass es Noelia wieder schlechter geht in der Schule und sie zu erschöpft ist. Wir müssen immer wieder verdeutlichen, dass sie ihre Zeit braucht, auch wenn das der Stundenplan nicht vorsieht. Es hilft auch, wenn man ein älteres Kind hat und weiß: Ich werde ihr garantiert mit 16 nicht mehr morgens in die Socken helfen. Nur weil ich das heute mache, heißt das nicht, dass sie das nie können wird. Das entspannt.

Zu oft haben wir Eltern feste Sätze in unseren Köpfen, zum Beispiel: »Die wird nie selbständig, wenn du ihr alles abnimmst.« Dann ist es wichtig, sich bewusst zu machen: Unsere Tochter hat diese Kompetenz, beim Turnen zieht sie sich die Socken ja auch selbst an. Aber wenn es heute Morgen nicht geht und es ihr diesen kleinen Kick gibt, um gut in den Tag zu starten, dann helfe ich ihr gerne.

Hinweis: Du findest ein langeres Interview mit Sara und Patrick auf unserer Webseite: www.elternliebe.ch

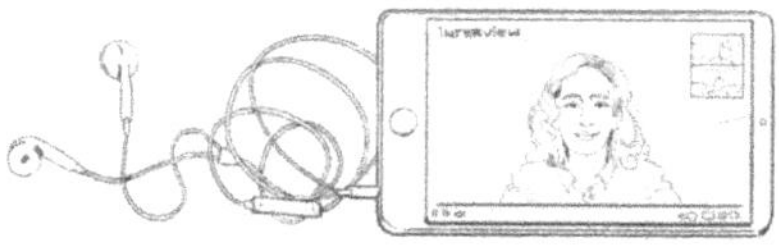

Wenn du mit deinem Kind zusätzlich üben möchtest: Informiere dich zuvor genau, was sinnvoll ist

Diktate x-mal diktieren, dem Kind »Rechentricks« zeigen oder wahllos irgendwelche Übungshefte lösen: All das bringt meist nur Frust und frisst Zeit.

Wenn dein Kind Schwierigkeiten in den Bereichen Lesen, Schreiben oder Rechnen hat, ist es wichtig, dass ihr – wenn überhaupt – mit den richtigen Übungen auf die richtige Art übt. Dafür benötigst du einen Überblick, welche Lücken das Kind hat und wo es im jeweiligen Fach den Faden verloren hat.

Kurze, regelmäßige Übungssequenzen, die gezielt die wichtigsten Lücken schließen, verhelfen deinem Kind wieder zu Erfolgserlebnissen und neuer Motivation. Wie du dabei vorgehen kannst, zeigen wir dir auf der Webseite: www.elternliebe.ch

Fange dein Kind bei Misserfolgen auf

Auch heute ist es für die meisten Kinder nicht leicht, mit einer schlechten Note im Rucksack nach Hause zu kommen. Viel lieber würde man doch den Eltern einen Erfolg präsentieren, auf den man gemeinsam stolz sein kann! »Hoffentlich sind meine Eltern nicht enttäuscht von mir« oder »Papa hat so viel mit mir gelernt und ich habe es trotzdem nicht geschafft. Jetzt hat er all diese Zeit in mich verschwendet« sind typische Gedanken, von denen uns Kinder und Jugendliche berichten.

Gerade in diesem kritischen Moment kannst du für dein Kind der Fels in der Brandung sein. Du kannst ihm ganz deutlich zeigen: »Ich kann verstehen, dass du enttäuscht bist. Ich bin für dich da.«

Falls du unsicher bist, wie dein Kind zur Note steht, kannst du auch nachfragen: »Was bedeutet diese Note für dich? Hast du damit gerechnet oder kam sie überraschend?«

Lass dich nicht täuschen, wenn sich dein Grundschulkind betont lässig gibt und ungenügende Leistungen mit einem Schulterzucken abtut. Dahinter steckt oft der Wunsch, das Selbstwertgefühl zu schützen nach dem Motto: Wenn ich den Misserfolg nicht an mich heranlasse, tut er weniger weh.

Wende dich zuerst den Gefühlen deines Kindes zu und lass dich nicht dazu verleiten, gleich die Nase in die Prüfung zu stecken und mit ihm darüber zu sprechen, warum es diesen oder jenen Fehler gemacht hat. Du kannst dein Kind in einem ruhigen Moment fragen, was es sich in dieser Situation von dir wünscht. Will es eine Umarmung? Ein wenig Ablenkung? Ein offenes Ohr?

Die Prüfung könnt ihr euch zu einem späteren Zeitpunkt ansehen. Dabei hilft der Fokus »Was lernen wir daraus für den nächsten Test?« anstatt »Was hätte man besser machen können?«.

Buchtipps

Für Kinder mit Lese-Rechtschreibproblemen oder einer Rechenschwäche:

- Born & Oehler: *Kinder mit Rechenschwäche erfolgreich fördern.*
- Born & Oehler: *Lernen mit Grundschulkindern.*
- Tacke: *Flüssig lesen lernen.*
- Tacke: *10-Minuten-Rechtschreibtraining für zu Hause.*
- Jansen & Streit: *Lesen und Rechtschreiben lernen nach dem IntraActPlus-Konzept.*

Für Kinder mit Konzentrationsschwierigkeiten, ADHS oder ADS:

- Rietzler & Grolimund: *Erfolgreich lernen mit ADHS und ADS. Der praktische Ratgeber für Eltern.*
- Rietzler & Grolimund: *Lotte, träumst du schon wieder?*

Aus Fehlern wird man klug?

Im letzten Kapitel hast du erfahren, weshalb viele Kinder beinahe allergisch auf Korrekturen reagieren.

Das bringt Eltern in ein Dilemma. Zu präsent ist die Binsenweisheit: »Aus Fehlern lernt man.« Und damit das Lernen stattfindet, müssen die Fehler doch schließlich korrigiert werden!

Diese Überzeugung ist so grundlegend, dass man sie kaum je in Frage stellen würde. Es lohnt sich aber, genau das zu tun.

Welche Assoziationen und Emotionen wecken die folgenden Aussagen bei dir: »Nein!«, »Falsch«, »Das stimmt so nicht!«, »Das schreibt man groß«, »Schau mal, da hast du einen Fehler gemacht«, »Oh, da gibt es aber noch einiges zu verbessern«?

Vielleicht merkst du, wie du dich innerlich verschließt? Dann geht es dir wie den meisten Menschen.

Die Psychologinnen Eskreis-Winkler und Fishbach (2019) untersuchten in fünf Studien, wie sich positive und negative Rückmeldungen auf die Leistung, die Motivation und das Selbstwertgefühl von Erwachsenen auswirken. Über 1600 Teilnehmende stellten sich unterschiedlichen Lernaufgaben, bei denen sie sich beispielsweise Fakten über ihr Unternehmen einprägen oder die Bedeutung von Symbolen aus unterschiedlichen Sprachen verinnerlichen mussten. Während des Lernens erhielten die Versuchspersonen entweder Feedback zu ihren Fehlern oder Rückmeldungen dazu, was sie korrekt gelöst hatten. Da jeweils nur zwei Antworten möglich waren, wussten die Teilnehmenden durch beide Arten von Feedback, welche Antwort richtig wäre. Im Abschlusstest zeigte sich: Diejenigen Teilnehmenden, die auf ihre Fehler hingewiesen worden waren, wussten weniger. Sie konnten sich nach dem Test auch schlechter an die Fragen und ihre Antworten erinnern. Zudem gaben sie an, dass ihr Selbstwertgefühl unter den Aufgaben litt. Interessanterweise trat die Lernblockade nicht auf, wenn sie die Antworten anderer einsehen und aus deren Fehlern lernen durften.

Jüngere Kinder reagieren noch empfindlicher auf Korrekturen. In einer Studie aus den Niederlanden (Van Duijvenvoorde und andere, 2008) untersuchte eine Forschergruppe, wie sich positive und negative Rückmeldungen bei drei Altersgruppen (8–9 / 11–13 / 18–25 Jahre) auf das Lernen und die Leistung auswirken. Den Teilnehmenden wurden auf einem Monitor jeweils Bildkombinationen mit unterschiedlichen Formen und Farben angezeigt. Die Versuchspersonen sollten logisch schlussfolgern, welche Regeln den Bildkombinationen zugrunde liegen. Dazu bekamen sie nach jeder Auswahl die Rückmeldung, ob sie richtig oder falsch lagen. Alle Altersgruppen profitierten stärker von einer Bestätigung bei richtigen Antworten.

Aber: Die jüngeren Kinder machten nach negativem Feedback viel mehr Fehler und wurden langsamer. Ihre Leistungen verschlechterten sich!

Ein Blick in das Gehirn mittels bildgebender Verfahren zeigte zudem, dass bei jüngeren Kindern nach positiven Rückmeldungen diejenigen Gehirnbereiche, die für das Arbeitsgedächtnis, Planung sowie abstraktes und flexibles Denken zuständig sind, viel stärker aktiviert wurden.

Erwische dein Kind dabei, wenn ihm etwas gelingt – und frage nach

Gerade als wir uns genauer mit den Studien zum Thema Feedback befassten, lernte mein, Fabians, Sohn in der Schule die Groß-Klein-Schreibregeln. Testen am lebenden Objekt war angesagt!

Ich beugte mich also über seine Hausaufgaben und sagte beiläufig: »Du hast ja Pferd großgeschrieben. Das stimmt! Wie hast du denn das gewusst?« Begeistert erklärte er mir die Regel und meinte dann: »Oh! Wolke hätte ich auch großschreiben müssen! Da gilt diese Regel auch!«

Später am Nachmittag fragte er während des Einkaufens: »Papa, machen wir ein Spiel? Du sagst einen Satz und ich muss herausfinden, welche Wörter groß sind.« Mir wurde wieder einmal bewusst, wie sehr Kinder mit ihren Fähigkeiten und Fertigkeiten gesehen werden wollen: »Schau mal, was ich schon kann!«

Es geht nicht um Lob und Kuschelpädagogik

»Ja, aber man muss doch Kindern auch sagen, wenn sie etwas falsch machen – die müssen auch lernen mit Kritik umzugehen« – diesem Einwand begegnet man sofort, wenn man sich dafür starkmacht, den Fokus vermehrt auf das Gelingende zu richten.

Bei näherer Betrachtung fällt auf, dass dieser Satz meist von erfolgsverwöhnten Erwachsenen kommt, denen die Schule leichtfiel und die sich eine gute berufliche Position erarbeiten konnten.

Das klingt dann oft so: »Ich hatte im Fach xy im zweiten Jahr des Gymnasiums auch eine ungenügende Note im Zeugnis. Dann habe ich mich zusammengerissen, mehr gelernt und wurde besser. Man kriegt halt im Leben nicht alles geschenkt.«

Ja, wir können und sollten lernen, mit gelegentlicher Kritik umzugehen. Bei der Rückmeldung von Fehlern macht jedoch die Dosis das Gift. Wenn wir im Diktat eine gute Note erhalten haben, werden wir motiviert sein, uns die zwei, drei Wörter, die wir falsch geschrieben haben, richtig einzuprägen. Das Kind, das sein Diktat mit 22 Fehlern zurückerhält, wird nur deprimiert sein, sich hilflos fühlen und die Überzeugung aufbauen, dass sich Üben nicht lohnt.

Wenn wir die Lernfreude der Kinder erhalten möchten, ist es wichtig, dass wir noch über andere Feedbackvarianten verfügen als nur das Zurückmelden von Fehlern.

Eigentlich wüssten wir, wie es geht

Bei der Sprachentwicklung reagieren die meisten Eltern instinktiv richtig: Wir benennen etwas, wiederholen Wörter, lassen unsere Kinder mitmachen, bis sie die Sprache beherrschen. Wir hüten uns davor, einem Kind, das begeistert auf einen Hund zeigt und »und! und!« sagt, zu entgegnen: »Falsch! Das heißt nicht ›und‹! Das heißt ›Hund‹! Mit H!« Stattdessen sagen wir: »Ja genau, ein Hund!«, und vertrauen darauf, dass sich das Kind der richtigen Aussprache mit der Zeit annähert. Auch als Erwachsene lernen wir Fremdsprachen schneller und besser, wenn unser Gegenüber den Satz nochmals grammatikalisch richtig wiederholt, anstatt den Rotstift anzusetzen. Letzteres führt oft nur zu Scham und Angst und dazu, dass wir als Erwachsene Situationen ausweichen, in denen wir Französisch oder Englisch sprechen müssten.

Kinder lernen bestens über Anleitung und Modelle: »Schau, so kann man das machen.« Oder über Fragen: »Wie könnte man da vorgehen? Wie könntest du dir das merken?« Und sie schalten auf Durchzug, wenn wir sie ständig darauf hinweisen, wie man etwas nicht macht.

Diese Erkenntnis soll nicht dazu führen, dass du dein Kind nie mehr korrigierst. Aber vielleicht hilft sie dir dabei, der typischen Fehlerorientierung, die wir fast alle haben, nicht gleich impulsiv nachzugeben, sondern kurz innezuhalten und dich zu fragen: Was würde meinem Kind wirklich dabei helfen, sich auf dieses Thema einzulassen, Fortschritte zu erleben und dabei auch noch eine schöne Erfahrung zu machen? Könnte ich weniger korrigieren und dafür mehr vorzeigen, bestätigen und auf Fortschritte hinweisen? Könnte ich anhand eines richtig gelösten Beispiels eine Regel nochmals auffrischen? Könnte ich mehr Zeit darauf verwenden, mit meinem Kind zu erkunden, weshalb ein Wort auf eine bestimmte Weise geschrieben wird, anstatt Fehler anzustreichen?

Renate Jaggi, eine Grundschullehrerin, die wir sehr schätzen, geht ganz ähnlich vor:

Sie lässt alle Kinder einen kurzen, eigenen Text verfassen. Eines darf diesen an die Tafel schreiben. Anschließend streicht sie alle richtig geschriebenen Wörter in der Lieblingsfarbe des Kindes an und spricht mit der Klasse darüber, weshalb man einzelne Wörter so schreibt. Dabei frischt sie wichtige Rechtschreibregeln auf: »Gülnihal hat ›fällt ‹mit *ä* und zwei *l* geschrieben – das ist richtig. Wer kann erklären, wieso? Ja, es kommt von fallen ...« Am Ende fragt sie das Kind, welche zwei neuen Wörter aus dem Text, die es noch nicht beherrscht, es als Nächstes lernen möchte, und erarbeitet deren Schreibweise.

Die meisten von uns erinnern sich wahrscheinlich ungern an Momente, in denen sie an der Tafel etwas vorrechnen oder schreiben mussten. Bei Renate ist der Platz an der Tafel begehrt: Die Kinder zeigen gerne, was sie schon alles können.

Von fehlerschnüffelnden Nasenbären, Motzkühen und Hibbelhunden

Manchmal kommt man um Korrekturen nicht herum. Aber vielleicht lässt sich ein wenig Kreativität und Humor in die Sache bringen? Dazu stellen wir dir gerne den Nasenbären Giancarlo vor.

Giancarlo hilft ungeduldigen Eltern – und Kindern, die sich nur ungern korrigieren lassen. Erfunden hat ihn die Mutter eines Erstklässlers, die den Nasenbären bei einem Ausflug in den Zoo im Stofftier-Regal gefunden hatte.

Sie schreibt uns:

Giancarlo hatte sich im Schulrucksack meines Sohnes versteckt und kommt zu allen Kindern im Schulalter. Er erschnüffelt Fehler und muss schrecklich nießen, wenn er einen entdeckt. Manchmal fällt er dabei auch um. Hat also mein Sohn seine Hausaufgaben selbständig gemacht und für sich kontrolliert, springt Giancarlo auf das Pult. Mein Sohn erklärt ihm, was er gemacht hat, und lässt ihn dann schnüffeln. Nießt der Nasenbär, sucht mein Sohn selber den Fehler und korrigiert ihn. Das Tier ist für uns eine Erlösung, es entstehen keine Fronten. Wir haben richtig Spaß beim Korrigieren. Giancarlo ist hingegen etwas grummelig, er findet fast keine Fehler mehr. Aber damit können wir leben. Er bekommt dafür selbst gesammelte Haselnüsse.

Intuitiv hat die Mutter eine Methode angewandt, die viele Psychologinnen und Sozialpädagogen nutzen, um mit Kindern über schwierige oder schambesetzte Themen zu sprechen: Die Externalisierung.

Dabei verlagert man ein Problem für den Moment nach außen und trennt es bewusst von der Person: Nicht das Kind beherrscht die Rechtschreibung nicht, sondern ein Fehlerteufel war am Werk. Nicht das Kind ist launisch, sondern eine Motzkuh hat sich in den Raum geschlichen.

Nicht die Mutter weist den Sohn zurecht, sondern Giancarlo bekommt Nießanfälle. Der australische Psychotherapeut und Sozialarbeiter Michael White und sein Kollege David Epston (2020) schreiben zu diesem Vorgehen: »Das Problem ist das Problem, die Person ist nicht das Problem.«

Jüngere Kinder können sich oft mühelos auf solche Vorstellungen einlassen und gestalten sie begeistert mit: Sie beschreiben ihr Angstmonster als dickes, zottelig-schwarzes Wesen, das bei der Prüfung aus der Tasche kriecht, oder sprechen darüber, was ihr Mut-Tier ihnen einflüstert.

Vielen Kindern macht es Freude, dieses neu entdeckte Wesen näher kennenzulernen. Plötzlich können sie eine Schwierigkeit angehen, vor der sie sonst vielleicht zurückschrecken oder sich verschließen würden.

Dabei helfen Fragen der folgenden Art:

- »Wie sieht das Wesen aus? Kannst du es mir beschreiben? Vielleicht willst du es malen?«
- »Wie heißt es?«
- »Wann kommt es hervor?«
- »Was macht es, wenn es nicht bei dir ist? Wo steckt es dann?«
- »Was sagt es zu dir?«
- »Hat es denn immer Recht?«
- »Hat es auch etwas Gutes? Wobei hilft es dir?«
- »Wann wäre es gut, wenn du es ein wenig zähmen könntest? Wie könnte das gehen?«
- »Aha, manchmal stört es dich? Wo könnte es dann hingehen? Wie kannst du ihm zeigen, wo sein Platz ist?«

Oft sind Kinder auch für einen Lösungsvorschlag offener, wenn er in Form eines Helfer-Tiers, einer guten Fee oder eines unsichtbaren Superhelden daherkommt. Wir können das Kind fragen, welches Tier besonders gut mit der Situation umgehen könnte und was dieses wohl tut und zu sich sagt, um sich mutiger zu fühlen, auf andere zuzugehen oder gut zuzuhören.

Eine helfende Figur muss nicht unbedingt vom Kind selbst entwickelt werden. So lernen Kinder beispielsweise in unseren Büchern *Huch, die Angst ist da!* (Légé & Grolimund, 2021) ein liebenswertes Angstmonster, in *Lotte, träumst du schon wieder?* (Rietzler & Grolimund, 2020) die weise Wölfin Sakiba oder in *Ungeheuer wütend* (Rietzler, Völker-Munro & Grolimund, 2023) einen sympathischen, aber aufbrausenden Wutdrachen kennen.

Externalisierungen können auch im Schulalltag entlasten. So brachte eine Lehrerin ihrer ersten Klasse einen Plüschhund mit Leine und einem Körbchen mit. Sie stimmte mit den Kindern über dessen Namen ab und erzählte ihnen, dass das Tier regelmäßig Auslauf bräuchte. Wurde jemand im Unterricht hibbelig und unruhig, sagte sie: »Gehst du kurz mit unserem Hund Gassi? Ich glaube, der braucht ein wenig Bewegung.« Das Kind lief die zuvor vereinbarte Strecke ab und setzte den Hund danach wieder ins Körbchen. Ist das nicht eine wunderbare Möglichkeit, die Situation zu entspannen, ohne jemanden zurechtzuweisen oder zu beschämen?

»Dein Radio ist an!«

Es muss nicht immer ein Tier oder Monster sein, das Kindern dabei hilft, sich mit ihren Schwierigkeiten auseinanderzusetzen.

Eine Grundschullehrerin erzählte mir, Stefanie, von einem Jungen, der auf Ermahnungen und Kritik sehr explosiv reagierte. Ein Problem, das sie unbedingt mit ihm angehen wollte, war sein andauerndes Plappern und Singen während der Stillarbeit, das zunehmend auch die anderen Kinder störte. Gemeinsam diskutierten wir verschiedene Lösungen.

Als der Junge etwas abseits saß und wieder einmal vor sich hin redete und trällerte, setzte die Lehrerin sich neben ihn und flüsterte ihm zu, dass sich wohl »sein Radio« eingeschaltet habe. Der Junge sah sie verwundert an. Dann erklärte die Lehrerin kurz, warum es wichtig sei, dass bei der Stillarbeit die Radios ausgeschalten sind, und fragte, ob er denn einen »Ausknopf« für seines wüsste. Der Bub überlegte eine Weile und zeigte auf sein Kinn. »Super! Magst du es ausschalten oder soll ich?«, wollte sie wissen. Der Junge grinste, drückte mit dem Zeigefinger auf sein Kinn und war still. Seine Lehrerin lächelte und bedankte sich. Wenn der Junge später wieder zu plappern und singen begann, gab die Lehrerin unauffällig das »Radio-Ausschalt-Zeichen« in seine Richtung. Immer häufiger gelang es ihm, sich selbst im richtigen Moment daran zu erinnern, dass das Radio Sendepause hat und die Lippen sich schließen. Die Lehrerin war erstaunt, als sie plötzlich andere Kinder sah, die sich gegenseitig das Radio-Aus-Signal gaben, wenn es ihnen zu laut wurde.

Herausfordernde Zeiten als Familie meistern

Schwierige Lebensphasen, traumatisierende Erfahrungen und Schicksalsschläge: davon werden auch Familien nicht verschont, selbst wenn man am liebsten die Augen davor verschließen würde. Doch wie findet man nach einer Krise wieder zurück ins Leben, vielleicht sogar zu neuem Glück?

Jasmin erzählt:
Ich kann mich noch genau an den Tag erinnern: Ich war 26, im Urlaub, saß mit meiner Tante in einem Café und sagte: Ich bin vollkommen glücklich. Ich darf mein Leben mit der Liebe meines Lebens teilen, habe einen der schönsten Berufe, darf sorglos in einem Land leben, in dem wir uns wohlfühlen, und nun bekommen wir noch ein Kind. Fünf Tage nach diesem Gespräch erhielt ich in der 19. Schwangerschaftswoche die Diagnose Brustkrebs. Wir waren schockiert und fassungslos.

Für die junge Mutter und ihren Mann Michael begann eine harte Zeit mit Chemotherapie während der Schwangerschaft sowie einer Operation mit Krankenhausaufenthalt direkt danach. Michael musste sich in den ersten Wochen alleine um das Neugeborene kümmern.

Heute lebt Jasmin mit ihrem Mann und den drei gemeinsamen Kindern am Bodensee. Von der Krebserkrankung hat sie sich erholt. Geblieben ist die Angst vor einem Rückfall. Die Krankheit hat das Familienleben geprägt. Überraschenderweise aber nicht nur im Negativen. Heute sagt sie: »Michael und unsere erste Tochter Emily haben durch diese intensive Zeit zu Beginn eine sehr tiefe Bindung. Und wir als Familie haben das Glück wiedergefunden.«

Jasmin und Michael durchlebten einen Prozess, den die Psychologen Richard Tedeschi und Lawrence Calhoun (2014) der Universität North Carolina als »Posttraumatisches Wachstum« bezeichnen. Darunter verstehen sie einen positiven psychologischen Wandel, der auftreten kann, wenn Menschen sich mit belastenden Ereignissen auseinandersetzen mussten. Dabei kann es sich um traumatisierende Erfahrungen im engeren Sinne handeln wie Gewalt oder das Miterleben einer Naturkatastrophe, aber auch um andere gravierende Einschnitte im Leben wie das Verlassenwerden nach einer langen Partnerschaft oder der Verlust des Arbeitsplatzes.

Die beiden Forscher fanden heraus, dass die Bewältigung solcher Ereignisse und die Anpassung an die neuen Umstände bei einem großen Teil der Menschen zu einem Wachstum in mindestens einem der folgenden fünf Bereiche führt:

1. **Rückhalt erfahren**
   Krisen setzen Beziehungen einer Belastungsprobe aus: Manche Verbindungen überstehen schwierige Phasen nicht, andere vertiefen sich während dieser Zeit. Gleichzeitig entwickeln manche Menschen aus der eigenen Erfahrung von Leid und Hilflosigkeit mehr Empathie.
   Auch Michael und Jasmin erzählen: »Unsere Familie und Freunde als Unterstützung zu spüren, machte uns dankbar und glücklich.«

2. **Sich seiner Stärke bewusst werden**
   In einem Moment von Schwäche und Hilflosigkeit können ungeahnte Kräfte in uns freigesetzt werden. Jasmin sagt dazu: »Für mich war nach dem ersten Schock klar: Ich kämpfe für mich und unser Baby!« Oft stellt sich dieses Gefühl von Selbst-

wirksamkeit und Stärke erst lange nach dem belastenden Ereignis ein. Viele Menschen beschreiben, dass sich die kleinen Sorgen und Nöte des Alltags relativieren und man weiß: Ich bin schon mit viel Schlimmerem fertig geworden.

3. **Neue Perspektiven entwickeln**
   Wer selbst mit einer lebensbedrohlichen Situation oder dem Tod eines geliebten Menschen konfrontiert wird oder vor den Trümmern der eigenen Existenz steht, wird zwangsläufig mit existenziellen Fragen konfrontiert: Bin ich zufrieden mit meinem Leben? Was bereue ich? Hinterlasse ich das, was mir wichtig ist? Menschen sprechen nach einem lebensbedrohlichen Ereignis oft davon, dass ihnen ein zweites Leben geschenkt wurde und sie dieses bewusster leben möchten. Im Zuge dessen kommt es oft zu einer Besinnung auf die Familie, einer beruflichen Neuorientierung oder zu einem Schritt, zu dem einem vorher der Mut gefehlt hat.

4. **Das Leben mehr wertschätzen**
   Im Alltag handeln wir oft so, als hätten wir noch unendlich viel Zeit. Dann verschieben wir die Dinge, die uns wirklich wichtig sind, auf später, um etwas scheinbar Dringendes zu erledigen oder uns materielle Wünsche zu erfüllen. Wer mitansehen musste, wie schnell das Leben aus den Fugen geraten kann, wird manchmal achtsamer und kann die kleinen Momente im Hier und Jetzt bewusster genießen.

5. **Zugang zur Spiritualität finden**
   Extremsituationen motivieren Menschen dazu, nach dem Sinn in ihrem Leben zu suchen. Manche finden dadurch eine stärkere Verbindung zu einer Religion oder Spiritualität im Allgemeinen, andere spüren eine tiefere Verbundenheit mit anderen Menschen, der Natur oder dem Leben an und für sich.

Für Jasmin hat sich der Glaube im Zuge ihrer Krebserkrankung vertieft: »Einer der größten Anker in dieser Zeit voller Angst war für mich der Glaube an Gott. Er gab mir Kraft und hielt seine Hände über mich und unser Kind. Das Vertrauen in den Glauben stärkte mich. Auf diese Glaubenstiefe kann ich immer noch zurückgreifen.«
Michael erlebte diesen Aspekt anders. Für ihn war es unvorstellbar, dass ein liebender Gott einer Familie so etwas antun würde.

Verarbeitung braucht Zeit

Das Wissen, dass man an schwierigen Situationen auch wachsen kann, kann Menschen in Krisen Hoffnung schenken. Fatal wäre es, daraus eine Forderung abzuleiten, das Erlebte »doch mal positiv zu sehen« oder die »Krise als Chance« zu begreifen. Studien zeigen, dass es Zeit braucht, um starken Belastungen auch positive Aspekte abzuringen. Ein posttraumatisches Wachstum setzt meist frühestens eineinhalb Jahre nach dem Ereignis ein und tritt eher auf, wenn das Umfeld geduldig ist, Verständnis zeigt und Sicherheit bietet (Mangelsdorf und andere, 2019).

Wie kann man Posttraumatisches Wachstum fördern?

Posttraumatisches Wachstum zeichnet sich dadurch aus, dass wir im Rückblick einschneidende Erlebnisse und deren Bewältigung in einem neuen Licht betrachten. Dabei werden Erfahrungen, die man zuvor nur als sinnlos und schmerzhaft betrachtet hat, durch andere Empfindungen und Gedanken angereichert.

So brach für Carina zunächst eine Welt zusammen, als sie erfuhr, dass ihr Sohn mit einer geistigen Behinderung zur Welt kommen würde. Sie verlor den Boden unter den Füßen, wollte die Tatsache nicht wahrhaben und sorgte sich, dass sie keine Beziehung zu ihrem Kind würde aufbauen können.

> Heute, 18 Jahre später, sagt sie:
> *Unser Sohn bereichert uns. Er bringt eine große Herzlichkeit in die Familie. Er öffnet die Herzen der Menschen, denen er begegnet. Das hat wesentlich dazu beigetragen, dass ich selbst nun weniger auf Leistung und Erfolg ausgerichtet bin. Verbindungen zu anderen und Freude am Leben sind mir wichtiger geworden. Wir haben als Familie gelernt, dass es völlig normal und in Ordnung ist, anders zu sein als »der Durchschnitt«. Ich denke, wir spüren weniger Druck, uns an irgendeine Norm anzupassen, und wir begegnen Menschen, die in irgendeiner Hinsicht »anders« sind, offener.*

Posttraumatisches Wachstum bedeutet nicht, dass schwierige Aspekte oder unangenehme Empfindungen ausgeblendet werden. Vielmehr erlaubt man sich, im Nachhinein auch Gefühle wie Dankbarkeit, Hoffnung und Verbundenheit zuzulassen. Man entdeckt vielleicht, dass man an Reife gewonnen hat, seinen Blick für das Wesentliche im Leben schärfen konnte und krisenfester geworden ist.

Zunächst versuchen Menschen oft, eine schwierige Erfahrung zu verdrängen, oder sie grübeln lange darüber nach, weshalb dies ausgerechnet ihnen passiert ist. Mit der Zeit und mehr Distanz, manchmal auch durch Gespräche oder eine Therapie, kann sich die Art und Weise verändern, wie man über das Geschehene nachdenkt (Calhoun & Tedeschi, 2006).

Der Psychologe Philipp Watkins und sein Team (2008) wollten wissen, ob man Menschen dabei helfen kann, einschneidende Lebensereignisse bewusst aus einer Wachstumsperspektive heraus zu betrachten. Sie ließen Versuchspersonen an drei Tagen für jeweils 20 Minuten über einen Vorfall schreiben, der sie noch immer beschäftigt. Während ein Teil lediglich über das Ereignis und ihre belastenden Gefühle schrieb, sollte sich die andere Gruppe diesem aus einer Perspektive der Dankbarkeit heraus nähern und darüber schreiben, welche positiven Folgen sich aus dem Erlebten ergaben, auch wenn man auf den ersten Blick wahrscheinlich nur Negatives daran wahrnimmt. Diese Gruppe wurde in der Folge seltener von schmerzhaften Bildern und Gedanken an das belastende Ereignis heimgesucht und empfand die Erinnerung daran als weniger unangenehm.

Vielleicht gibt es in deinem Familienleben oder in deiner Kindheit ebenfalls Momente, die du auch nach längerer Zeit schlecht loslassen kannst: Erfahrungen, die noch immer Trauer, Wut, Angst oder Unsicherheit in dir auslösen.

Es kann heilsam sein, solch ein Ereignis aufzuschreiben und die folgenden Fragen (in Anlehnung an Watkins und andere, 2008) dazu zu beantworten:

- Gab es aus heutiger Sicht irgendetwas, wofür dieses Erlebnis gut war?
- Habe ich bei der Bewältigung dieser Erfahrung etwas Wichtiges gelernt oder neue Fähigkeiten und Stärken entwickelt, die mein Leben heute bereichern?
- Konnte ich dieses Erlebnis für mich oder andere in irgendeiner Weise nutzen?
- Inwiefern gab es Beziehungen, die dadurch gewachsen sind und für die ich heute dankbar bin?
- Gab es andere, schöne Erfahrungen, die ich ohne dieses Ereignis eventuell nicht hätte machen können (beispielsweise, weil ich durch dieses Ereignis jemanden kennengelernt oder etwas in meinem Leben verändert habe)?
- Hat mir dieser Vorfall dabei geholfen, mir klarer darüber zu werden, was ich in meinem Leben will und was nicht?
- Inwiefern bin ich dadurch reifer geworden?
- Bin ich nun für zukünftige Herausforderungen besser gerüstet?

Es ist hilfreich, die Antworten schriftlich festzuhalten und die Übung mehrmals zu wiederholen. Manchmal fällt einem zunächst gar nichts ein oder man empfindet einen inneren Widerstand gegen solche Fragen. Mit der Zeit entdeckt man vielleicht neue, auch unerwartete Aspekte – ohne deswegen die rosarote Brille aufzusetzen und Schmerzhaftes einfach auszublenden.

Wenn wir im Alltag das Glück aus den Augen verlieren

Viele von uns sind gefangen im Alltagstrott. Die Jahre ziehen vorüber, es geht einem im Großen und Ganzen gut, aber: Fühlen wir uns wirklich lebendig und gestalten unser Leben so, dass wir später gerne darauf zurückblicken?

Gerade wenn es uns eigentlich gut geht, besteht die Gefahr, dass wir an unserem Glück vorbeileben. Wir geraten in eine Falle, die die Positive Psychologie als hedonistische Tretmühle bezeichnet. Dabei jagen wir jeweils dem nächsten Glückskick hinterher, der sich einstellt, wenn wir uns etwas Neues leisten, auf der Karriereleiter eine Sprosse höher klettern oder einen noch extravaganteren Urlaub planen. Wir sind getrieben vom Gedanken: »Wenn ich xy habe, werde ich endlich glücklich sein«, nur um bald zu merken, dass das Glück nicht von Dauer ist und wir nach einem kurzen Hochgefühl wieder am Anfang stehen.

Die Forschung zum Posttraumatischen Wachstum kann uns alle daran erinnern, was wirklich zählt und langfristig zu einem gelungenen Leben beiträgt. Krisen können uns schmerzlich bewusst machen, dass das, was wir haben, nicht selbstverständlich ist.

Mit mentaler Subtraktion zu mehr Zufriedenheit

Wie wäre es, wenn ich mehr verdiene, die Beförderung erhalte, schlanker und sportlicher wäre oder meine Kinder braver, dankbarer und schulisch erfolgreich wären? Oft stellen wir uns vor, was wir alles noch erreichen möchten oder uns zu unserem Glück noch fehlt. Das ist ganz natürlich und kann uns dazu antreiben, Ziele zu setzen und darauf hinzuarbeiten. Gleichzeitig sorgt die Lücke zwischen der Realität und unserem Ideal für Unzufriedenheit und Druck.

Vielleicht »brauchen« wir aber gar keine Krise, um all das Wertvolle in unserem Leben zu sehen und zu schätzen? Merken wir, dass uns der Strudel von Alltagstrott und Unzufriedenheit mitreißt, kann uns die »Mentale Subtraktion« helfen. Dabei denken wir an etwas, das uns wichtig ist: eine Freundschaft, eines unserer Kinder, den Partner, unsere schöne Wohnung, den spannenden Beruf oder unsere Gesundheit und stellen uns vor, wie es wäre, wenn dies plötzlich fehlte. Wie wäre es, wenn ich diesen Menschen nie kennengelernt, dieses Kind nie geboren oder ich morgen arbeitslos wäre?

Im ersten Moment können diese Vorstellungen ziemlich beklemmend sein. Aber indem wir merken, was uns fehlen würde, werden wir dankbarer für das, was wir haben, und können es mehr genießen (zum Beispiel Koo und andere, 2008).

Beim Schreiben dieses Kapitels haben wir beide festgestellt, dass wir diese Methode im Alltag oft unbewusst anwenden.

Wenn ich, Fabian, am Abend etwas müde bin und mich eines der Kinder fragt, ob ich noch einen Spaziergang mache oder eine Geschichte erzähle, dann sage ich mir oft Folgendes: »Schon in ein paar Jahren wollen sie das wahrscheinlich nicht mehr – und dann wäre es dir vielleicht viel wert, wenn du die Zeit zurückspulen und diesen Moment erleben könntest.« Fast sofort freue ich mich dann darüber, dass die Kinder mit mir zusammensein möchten.

Ich, Stefanie, erlebe immer wieder Momente, in denen ich meinem Mann und unserem Sohn zusehe, wie sie miteinander lachen, spielen oder aneinander gekuschelt ein Buch anschauen und denke: »Wie viel ärmer wäre mein Leben, wenn ich euch nicht hätte! Was würde dann alles fehlen!« Schon breitet sich ein warmes Gefühl in mir aus und der Wunsch, diese Alltagsszene in Gedanken festzuhalten.

Auch deine Bedürfnisse zählen!

Sich auf die Kinder, ihre Bedürfnisse und Gefühle einzulassen und sie durch schwierige Phasen zu begleiten, während man den Alltag, Haushalt und gegebenenfalls Beruf managt, kostet Energie.

Manchmal geraten dabei die eigenen Bedürfnisse so sehr in den Hintergrund, dass man sich unzufrieden und ausgelaugt fühlt. Das fängt bei den körperlichen Bedürfnissen nach ausreichend Schlaf und Bewegung, regelmäßigem und ungestörtem Essen, Ruhephasen und befriedigender Sexualität an und erstreckt sich über unsere psychischen Grundbedürfnisse.

Eine der großen Herausforderungen, die sich uns Eltern stellt, besteht darin, eine gesunde Balance zwischen der Fürsorge für andere und uns selbst zu finden.

Gute Eltern zu sein bedeutet nicht, sich für die Kinder aufzuopfern. So sehr wir uns wünschen, dass es unseren Kindern gut geht, so sehr wünschen sich unsere Kinder, dass wir zufrieden sind und später gerne auf die Zeit mit ihnen zurückschauen. Wenn wir länger unzufrieden sind, haben wir es meist verpasst, eines oder mehrere unserer Grundbedürfnisse zu berücksichtigen.

Dürfen wir dich zu einem Bedürfnis-Check einladen?

Körperliche Grundbedürfnisse

Wende dich zuerst deinen körperlichen Bedürfnissen zu. Wie stark stimmst du den folgenden Aussagen zu (0 = überhaupt nicht erfüllt / 10 = vollends erfüllt)?

- Ich habe einen erholsamen Schlaf und fühle mich morgens ausgeruht: ______________
- Ich überprüfe im Alltag regelmäßig, ob ich hungrig oder durstig bin, und habe genügend Zeit und Ruhe, um mich zu versorgen: ______________
- Es gibt in meinem Tagesablauf kleine Auszeiten, in denen ich meine Batterien wieder aufladen kann: ______________
- Ich bin mit meinem Sexualleben zufrieden: ______________

Es ist normal, dass unsere körperlichen Bedürfnisse mit Kindern etwas in den Hintergrund treten. Wenn man mit einem Baby zu ausreichend Schlaf kommt und mit Kleinkindern am trubligen Familientisch in Ruhe essen kann, ist das ein äußerst seltenes Glück.

Wird aus Müdigkeit jedoch chronische Erschöpfung, aus der Alltagsbelastung eine Bürde und verliert man den Bezug zum eigenen Körper, ist es wichtig, dass wir diese Signale ernst nehmen.

Vielleicht hat man das Privileg und kann auf Familie, Freundeskreis und eine Partnerschaft zählen, die hier entlasten: sich bei der nächtlichen Betreuung abwechseln, mal getrennt essen, damit wenigstens einer zur Ruhe kommen kann, mit den Kindern rausgehen, damit ein Elternteil einen Mittagsschlaf machen oder durchatmen kann. Vielleicht merkt man auch, dass es der Familie mehr gibt, wenn man in der ersten Phase das etwaige Urlaubsgeld in eine Putzhilfe steckt oder sich ab und zu Essen liefern lässt.

Möglicherweise springt man über seinen Schatten und schließt sich mit einem anderen alleinerziehenden Elternteil zusammen, um sich gegenseitig Auszeiten zu verschaffen, oder wohnt sogar gemeinsam in einer WG? Eine befreundete Mutter zog nach der Geburt ihres zweiten Kindes in eine Wohnsiedlung, in der sich mehrere Familien gegenseitig unterstützen: So kochte beispielsweise an jedem Wochentag eine Familie für die restlichen vier.

Für die eigenen Bedürfnisse einzustehen, kann auch bedeuten, die eigenen Ansprüche anzupassen und sich beispielsweise zu fragen:

An welchen Stellen reicht »gut genug«, um anderenorts wieder mehr Energie zu haben, um sich um sich selbst zu kümmern?

Je älter die Kinder werden, desto stärker können wir ihnen auch zumuten, auf unsere Grenzen Rücksicht zu nehmen.

So kann beispielsweise dem Bedürfnis nach Ruhe und Stille bewusst Rechnung getragen werden. Je nach Familiensituation eignen sich dazu unterschiedliche Rituale. Ein kurzes Schläfchen über Mittag oder nach der Schule hilft dabei, die Batterien wieder aufzuladen. Andere bevorzugen einen Spaziergang an der frischen Luft. Eine Familie mit drei Kindern zwischen sieben und dreizehn Jahren hat nach dem Abendessen eine »Ruhestunde« eingeführt, in der alle Familienmitglieder lesen oder mittels Kopfhörer ein Hörbuch hören, für sich etwas spielen oder einfach ihren Gedanken nachhängen können. Schon bald wurde dies für die ganze Familie zu einer liebgewonnen Gewohnheit und für die Eltern zu einer wertvollen Pause.

Richte nun einen achtsamen Blick auf deine psychischen Grundbedürfnisse und schätze auch diese auf einer Skala von 0 (überhaupt nicht erfüllt) bis 10 (vollends erfüllt) ein:

Bindung und Beziehung

Ich habe Menschen um mich, auf die ich mich verlassen kann, die mein Leben bereichern und mir Energie schenken:

0	1	2	3	4	5	6	7	8	9	10

In der Zeit als Eltern haben wir oft am falschen Ende gespart, nämlich an uns. Wir haben die Dankbarkeit füreinander vergessen wie das Kostüm für die Faschingsfeier im Kindergarten. Und bei all den Einschlafgeschichten, die wir in den letzten Jahren vorgelesen haben, ist nicht selten auch die Leidenschaft kurz eingenickt. Müder als früher war sie: Heute trage ich nichts für dich, außer Augenringe,

schreibt Familientherapeutin Romy Winter auf Instagram und spricht damit vielen Eltern aus der Seele.

Falls du in einer Partnerschaft lebst: Wie steht es um deine Liebe? Gibt es noch echte Begegnungen oder schiebt ihr euch nur noch die Kinder und Aufgaben hin und her? Wie nahe fühlt ihr euch einander? Wann habt ihr euch zuletzt tief und persönlich ausgetauscht, anstatt Alltagskram zu regeln?

Studien zeigen, dass gemeinsame Kinder Partnerschaften zwar festigen, aber die Beziehungszufriedenheit massiv reduzieren. »Je neuer die Studie, desto stärker die Effekte«, so Professor Guy Bodenmann (2020) der Universität Zürich. Warum ist es für Paare so herausfordernd, die emotionale Wärme aufrechtzuerhalten, wenn Kinder da sind? Man hat weniger Zeit für sich und füreinander, wird sich vielleicht fremd, rückt die Bedürfnisse des Kindes ins Zentrum und hat unter Umständen weniger Kraft, sich gegenseitig zu unterstützen.

Wir wissen, wir sollten mal wieder eine Date-Night organisieren, müssten ein neues Hobby miteinander aufnehmen, uns mehrmals wöchentlich zum Sex verabreden. Das muss uns die Beziehung doch wert sein! Aber gerade in turbulenten Phasen können solche Forderungen zu einem weiteren Punkt auf der mentalen To-do-Liste werden, der für Stress und Unzufriedenheit sorgt.

Unter Stress werden wir egoistischer

»Muss ich mich hier eigentlich um alles kümmern?«, »Sie nörgelt andauernd, lässt kein gutes Haar mehr an mir«, »Sag doch einfach, wenn du Hilfe brauchst!«, »Du musst mir jetzt nicht auch noch damit kommen! Ich habe echt schon genug zu tun!«, »Kannst du nicht einmal alle fünf gerade sein lassen? Warum muss für dich immer alles perfekt sein?«

Wenn wir unter Druck sind, richten wir den Fokus auf uns selbst – das Einfühlungsvermögen leidet. Anstatt sich auf die Partnerin oder den Partner einzulassen, ist man plötzlich damit beschäftigt, innerlich Bilanz zu ziehen: Bekomme ich genug? Was ist mit mir? Welchen Platz haben meine Bedürfnisse?

Die Partnerschaft fühlt sich auf einmal an wie ein Konkurrenzkampf, bei dem um knappe Ressourcen gestritten wird. Beide sind mit dem Gefühl beschäftigt, zu kurz zu kommen – und wollen den anderen dazu bringen, einzulenken.

In solchen Momenten ist es hilfreich, das Augenmerk ganz bewusst auf das Wir zu richten. So betrachten zufriedenere Paare ihre Beziehung oft wie eine dritte Instanz, um die man sich gemeinsam kümmern muss. Anstatt sich zu fragen, was man für sich aus der Partnerschaft herausholen kann, fragen sich diese Paare, was sie gemeinsam zur Beziehung beitragen können, um sie gesund und lebendig zu halten.

Beziehung lebt von kleinen Liebesgesten

Doch wie kümmert man sich in stressigen Zeiten gemeinsam um das »Wir«?

Wenn der Alltag stark durchgetaktet ist, nehmen liebevolle Berührungen rasch ab: Man ist mit dem Kopf schon bei der Arbeit und drückt sich noch einen flüchtigen Kuss auf die Wange. Man steht am Herd und winkt kurz, wenn die Partnerin reinkommt, aber schaut sich gar nicht mehr richtig an.

Es ist erstaunlich, wie viel näher sich Paare fühlen, wenn sie sich da und dort Zeit nehmen für bewussten Körperkontakt: eine längere Umarmung bevor man aus dem Haus geht, sich mal wieder an der Hand nehmen, einander übers Gesicht streicheln, den anderen aufmerksam ansehen. Wer jetzt bereits denkt, dass er dafür keine Zeit hat: Wir sprechen von 5 bis 20 Sekunden. Bereits kleine, achtsame Berührungen reduzieren Stress und Ärger und führen zu mehr Zuneigung, Vertrauen und Dankbarkeit (Kidd und andere, 2022; Morrison, 2016; Simao & Seibt, 2015).

Dankbarkeit können wir auch ganz bewusst kultivieren, indem wir uns fragen: Warum ist es schön und gut, dass der andere im eigenen Leben ist? Was trägt er zur Familie bei? Welche Phasen hat man besser überstanden, weil gerade dieser Mensch an unserer Seite war? Was hat man durch ihn lernen dürfen? Wenn wir uns bewusster werden, was wir am anderen haben, seinen Beitrag stärker sehen und zurückmelden, steigt fast automatisch die Zufriedenheit der ganzen Familie. Und wenn wir eine Kritik anbringen oder eine Forderung stellen müssen, so wird unser Gegenüber in einem Klima der Dankbarkeit eher darauf eingehen, als wenn es glaubt, es uns »ja sowieso nie recht machen zu können«.

Wie wir bereits beschrieben haben, beginnen wir unter Stress unmerklich damit, unseren Mitmenschen böse Absichten zu unterstellen. Hier können wir aktiv gegensteuern. Ertappst du dich manchmal beim Gedanken, dass der Partner, die Partnerin deine Gefühle absichtlich missachtet, sich nicht genügend um die Kinder oder den Haushalt kümmert, die Beziehung nicht wichtig nimmt?

Lass uns an dieser Stelle ein kleines Gedankenexperiment durchführen. Überlege dir: »Angenommen, ich gehe davon aus, dass dem anderen Elternteil unsere Beziehung wichtig ist, er seine Rolle gut ausfüllen möchte und einen Beitrag zum Familienleben leisten will – was sehe ich dann?« Vielleicht kommst du zu dem Schluss, dass der andere eigentlich sehr vieles für die Familie tut. Vielleicht ist es aber nicht das, was du dir am meisten wünschst, und du nimmst diese Erkenntnis zum Anlass, um darüber zu sprechen und Verantwortungsbereiche neu auszuhandeln?

»Wann fühlst du dich besonders geliebt und gesehen?«

Manchmal bemühen sich beide sehr stark um die Beziehung, sind aber dennoch unzufrieden. Vielleicht, weil das, was man sich wünscht, nicht mit dem übereinstimmt, was der andere gibt. Der amerikanische Paarberater Gary Chapman (2019) spricht von verschiedenen Liebessprachen. So stellt sich bei manchen Menschen das Gefühl, geliebt zu werden, dann ein, wenn sie Lob und Anerkennung erhalten, andere reagieren stark auf körperliche Zärtlichkeiten, wieder andere auf gemeinsame Paarzeit, Hilfsbereitschaft im Alltag oder Geschenke und Aufmerksamkeiten. Es ist eine wertvolle Investition in die Paarbeziehung, wenn man sich darüber austauscht, in welchen Momenten man sich vom anderen besonders geliebt und gesehen fühlt.

Zurück zu den Anfängen

Oft kommen sich Paare auch wieder näher, wenn sie sich an ihre gemeinsame Anfangszeit erinnern. Paartherapeuten lassen sich gerne die Phase der Verliebtheit schildern: Wie hat sich das Paar kennengelernt? Was hat die beiden aneinander angezogen und fasziniert? Wann war klar, dass man den Rest des Lebens miteinander verbringen möchte? Was gab diese Sicherheit? An welche Momente in der Beziehung erinnert man sich am liebsten? Vielleicht habt ihr ja Lust, eure gemeinsame Liebesgeschichte anstatt der Paartherapeutin euren Kindern zu erzählen?

Freundschaften wieder aufleben lassen

In den ersten Jahren mit Kindern schlafen alte Freundschaften oft ein: Plötzlich kreist man fast ausschließlich um die Bedürfnisse des

Babys, richtet den Alltag nach seinem Tagesrhythmus aus und merkt manchmal gar nicht, wie Menschen, die man früher regelmäßig getroffen hat, nach und nach aus dem eigenen Leben verschwinden. Manchen Eltern gelingt es, nach der Baby- und Kleinkindphase wieder aus der Elternblase aufzutauchen und alte Kontakte wiederzubeleben, aber viele tun sich schwer damit.

Wie ist das bei dir? Fühlst du dich in ein Beziehungsnetz eingebunden, das dir Halt gibt? Oder überkommt dich oft ein Gefühl von Einsamkeit? Falls du dir einen besseren Überblick verschaffen möchtest, wie es um deine Beziehungen steht, kannst du dir ein Blatt Papier zur Hand nehmen und deine persönliche Beziehungslandschaft aufzeichnen:

Setze als Erstes deinen Namen oder ein kleines Symbol, das dich repräsentiert, in die Mitte. Ordne nun alle Menschen um dich herum an, die in deinem Leben eine Rolle spielen. Manche werden dir näherstehen, andere kannst du etwas entfernter abbilden. Schau dir dein Netz an und frage dich: Was teile ich mit den einzelnen Menschen? Wer bereichert mein Leben – und inwiefern? Was verbindet uns?

Falls du dir mehr Nähe und Kontakt wünschst, kannst du das Netz unter diesem Gesichtspunkt betrachten. Welche Beziehungen sind eingeschlafen und was könntest du tun, um sie wiederzubeleben? Welche Freiheiten musst du dir erkämpfen, um für manche Freundschaften oder die Partnerschaft wieder mehr Zeit zu gewinnen? Bahnen sich gerade neue Bekanntschaften an, um die du dich aktiv bemühen möchtest? Vielleicht braucht es auch Mut und ein klärendes Gespräch, um eine Freundschaft nach einer längeren Pause oder einem Bruch wieder in die richtige Bahn zu lenken?

Mit den eigenen Kräften haushalten

Nicht jede Beziehung nährt unser Bindungsbedürfnis. Manche Verbindungen zehren an unseren Kräften.

Samantha erzählt:

Als ich mit unserem ersten Kind schwanger war, haben uns meine Schwiegereltern die Möglichkeit gegeben, in die Doppelhaushälfte neben ihnen zu ziehen. Zuerst waren wir froh, für so einen günstigen Mietpreis so viel Platz und sogar einen Garten zu bekommen. Und natürlich haben uns die Schwiegereltern auch ab und zu die Kinder abgenommen, wofür ich dankbar bin. Aber das Zusammenleben war von Anfang an sehr belastend. Ich kann es selbst manchmal nicht fassen, wie stark wir dieses Klischee bedienen: aber meine Schwiegermutter mischt sich überall ein. Sie platzt dauernd bei uns rein, obwohl ich ihr immer wieder sage, wie sehr mich das stört. Und dann diese versteckte Kritik! Anstatt ehrlich zu sagen, was sie denkt, kommuniziert sie alles in so säuselnder Honigstimme über die Kinder: »Hat die Mama vergessen, dir die Haare zu schneiden? Dann muss das mal die Oma machen, sonst denken alle, du seist ein Mädchen« oder »Gell, du hättest es auch schöner gefunden, wenn Oma und Opa im Urlaub dabei wären. Oma ist auch ein bisschen traurig ...«. Wir schaffen es einfach nicht, klare Grenzen zu ziehen. Und mein Mann meint immer nur: »Sie meint das nicht so«, »Du kennst sie doch«, »Lass sie doch«, »Meine Eltern machen ja auch viel für uns«. Eigentlich weiß ich schon lange: Wir müssen hier weg! Aber wenn ich sehe, was dann alles auf uns zukommt, verlässt mich doch wieder der Mut.

Manchmal durchlaufen Menschen, die uns nahestehen, schwierige Phasen, sind vielleicht psychisch belastet, krank oder pflegebedürftig. Gnadenlos alle aus dem eigenen Leben zu verbannen, die uns nicht genügend »geben«, wäre unmenschlich und egoistisch.

Gleichzeitig ist es gefährlich, wenn wir alles erdulden, uns bis zur eigenen Erschöpfung aufreiben und keine Grenzen ziehen. Manchmal ist es bereits eine Verbesserung, wenn wir den Kontakt proaktiver gestalten, indem wir unsere Erwartungen und Wünsche klarer äußern, Treffen zeitlich begrenzen oder in größeren Abständen ansetzen. Und teilweise ist es tatsächlich das Beste, wenn wir eine Beziehung beenden, weil sie uns schadet.

Um gut für uns sorgen zu können, ist es unabdingbar, dass wir ehrlich zu uns sind.

Samantha wurde bewusst, dass sie sich seit Jahren etwas vormacht: Sie versucht sich nach Grenzüberschreitungen der Schwiegereltern selbst zu beschwichtigen, indem sie sich die Vorteile des schönen Hauses und die finanziellen Einsparungen vor Augen hält. Dann redet sie sich mantraartig ein, nicht so empfindlich zu reagieren, gefälligst dankbar für die bisherige Unterstützung zu sein, und entschuldigt das Verhalten der Schwiegermutter mit immer neuen Erklärungen. In einem Moment der Klarheit erkennt sie, wie hoch die Kosten für sie sind, dass sich die Schwiegermutter auch nach dem hundertsten klärenden Gespräch nicht ändern wird und sie das nicht mehr länger ertragen will. Sie konfrontiert ihren Mann mit ihrem Entschluss. In diesem Gespräch weicht sie keinen Finger breit zurück: Schließlich ist ihr Partner fast den ganzen Tag bei der Arbeit und bekommt die meisten Grenzüberschreitungen nur aus Erzählungen mit. Für ihn ist es einfach, diese zu relativieren und sie als empfindlich darzustellen. Zum ersten Mal prüfen Samantha und ihr Mann, ob es Alternativen gibt. Sind sie bereit, in eine kleinere Wohnung zu ziehen? Oder könnte Samantha ihr berufliches Arbeitspensum erhöhen, damit sie als Familie mehr Freiheit und Unabhängigkeit gewinnen und gleichzeitig ihren Lebensstandard halten können? Und wie können sie dafür sorgen, dass die Schwiegereltern trotzdem einen Platz in ihrem Leben haben und die Beziehung zwischen Enkeln und Großeltern intakt bleibt, selbst wenn sie umziehen?

Hast du vorhin dein Beziehungsnetz aufgezeichnet? Vielleicht möchtest du nun überlegen, zu welchen Menschen dir gegebenenfalls ein bisschen mehr Distanz guttäte und was dazu nötig wäre.

Kompetenz und Selbstwirksamkeit

Ich verfolge Ziele, die mir etwas bedeuten, und habe das Gefühl, etwas in meinem Leben bewirken zu können.

0	1	2	3	4	5	6	7	8	9	10

Viele von uns haben eine klare Vorstellung, wo es im Leben hingehen soll: Partnerschaft, Kinder zum »richtigen« Zeitpunkt, ein Eigenheim mit Garten, Urlaube am Meer und ein gut bezahlter Beruf, in dem man sich verwirklichen kann. Nicht wenige stehen irgendwann inmitten all dieser Errungenschaften und stellen fest: »Jetzt habe ich doch (fast) alles, was ich immer wollte, und bin trotzdem nicht zufrieden!«

Die psychologische Forschung liefert dafür eine erstaunlich banale Erklärung: Wir Menschen sind ziemlich schlecht darin, herauszufinden, welche Ziele uns langfristig tatsächlich guttun und zufriedenstellen werden (Hofer & Busch, 2017; Thrash und andere, 2012).

Wir dürfen uns immer wieder fragen: Ist dieses Leben, das wir hier gestalten, wirklich in Übereinstimmung mit unseren Bedürfnissen? Oder richten wir uns unbewusst nach den Vorstellungen und Erwartungen anderer oder ungeprüfter Annahmen aus und verschieben die Ziele, Wünsche und Träume, die uns wirklich etwas bedeuten, immer wieder auf später? Die folgenden Schritte verschaffen dir Klarheit.

Achte darauf, wie du dich fühlst, wenn du Erfolg hast: Wenn wir auf fremdbestimmte Ziele hinarbeiten, können wir Erfolge oft gar nicht genießen. Wir empfinden lediglich einen kurzen Moment der Erleichterung, manchmal sogar innere Leere, die gleich wieder von Druck abgelöst wird, noch besser zu werden und mehr zu schaffen.

Eva und Nils erzählen:
Man möchte seine Kinder ja wissen lassen, dass sie für einen etwas Besonderes sind und man sich um sie bemüht. Aber irgendwie sind wir da in ein Extrem hineingerutscht: In der Klasse unserer Zwillinge sind Kindergeburtstage mittlerweile ein riesiger Event. Da muss man schon Wochen vor dem großen Tag ein noch nie dagewesenes Motto finden, natürlich von Hand die Einladungskarten basteln und das Internet nach einer passenden Motivtorte durchforsten. Man braucht selbstverständlich auch kleine, aber besondere Gastgeschenke für die Kinder und ein Programm, das keinen Moment der Langeweile aufkommen lässt. Eigentlich möchten wir unseren Kindern einfach einen schönen Geburtstag bescheren, und die bräuchten dieses ganze Drumherum gar nicht. Es ist peinlich, aber wir haben das Gefühl, vor den anderen Eltern blöd dazustehen, wenn wir bei diesem Zirkus nicht mitmachen. Klar, gibt es auch viele Familien, die wirklich Spaß an der Vorbereitung solcher Partys haben. Aber wenn wir uns die Fotos von den Kindergeburtstagen der Zwillinge anschauen, haben wir gar nicht den Eindruck einer schönen, entspannten Atmosphäre. Bei den Kindern läuft es meist aus dem Ruder und wir Eltern sind am Ende total erledigt. Und das Blödeste: Nächstes Jahr muss man ja nochmals eine Schippe drauflegen!

Beobachte dich selbst während des Prozesses: Ziele, mit denen wir uns verbunden fühlen, schenken uns Energie. Auch während wir darauf hinarbeiten, begleiten uns viele positive Empfindungen wie Freude, Leichtigkeit, Stolz, Neugier und Tatendrang. Wir fühlen uns eher angezogen als getrieben, die Arbeit ist eher von *wollen* als von *müssen* und *sollen* geprägt. Natürlich gibt es Durststecken und Aspekte, die uns schwerfallen. Wichtig ist, dass Schwere und Mühsal nicht überwiegen.

Alex berichtet:

Ich bin selbst eher streng erzogen worden. Mein Vater war selten zu Hause, und wenn, dann hatte er immer was an einem auszusetzen. Ich wollte es anders machen und habe mir die Erziehungsarbeit mit meiner Frau aufgeteilt. Erziehungsarbeit. Schon dieses Wort! Aber ich dachte, das sei meine Aufgabe als Vater: meine Kinder richtig zu erziehen. Erziehen hieß für mich vor allem: Regeln durchsetzen, ein wachsames Auge auf die Kinder haben, ihnen Anstand beibringen. Vor zwei Jahren hat mich unser Nachbar gefragt, ob wir nicht mit den Kindern ein Zeltwochenende im Wald verbringen wollen. Das war ein krasses Erlebnis. Ich stehe die ganze Zeit da und gebe den Kindern Kommandos, werde immer gereizter, wenn sie nicht spuren, rege mich auf, wenn sie dem Nachbarn nicht danke für die Schokoriegel sagen. Und er? Total tiefenentspannt, genießt das holprige Zeltaufbauen mit seinen Kindern, lässt sie Pause machen, um die Füße in den Bach zu strecken. Am Abend saßen wir ums Lagerfeuer und die Kinder haben gesprudelt wie ein Wasserfall. So hatte ich sie noch nie erlebt. Und alles nur, weil mein Nachbar Fragen gestellt und zugehört hat. Als die Kinder in den Schlafsäcken lagen, haben wir uns unterhalten, auch übers Vatersein. Er hat mir erzählt, dass es ihm vor allem darum gehe, seine Kinder kennenzulernen. Da habe ich realisiert, dass ich mein Ziel als Vater immer darin gesehen habe, meine Kinder anzuleiten, etwas aus ihnen zu machen, und es verpasst habe, einfach mal da zu sein. Deshalb war die Vaterrolle für mich auch immer so anstrengend. Jedes Mal, wenn die Kinder eine Regel nicht beachtet haben, kam mir das wie ein Angriff auf mich vor, so als hätten sie keinen Respekt vor mir. Es hat sich wirklich nach »Erziehungsarbeit« angefühlt. Seit ich mir das Ziel gesetzt habe, mit meinen Kindern stärker in Kontakt zu kommen, kann ich die Zeit mit ihnen besser genießen.

Versuchst du durch deine Ziele etwas zu erreichen, was dir wichtig ist – oder eine Bedrohung abzuwenden? Wir werden durch zwei grundlegende Motive angetrieben: Wir handeln, um einen positiven Zustand zu erreichen oder um Bedrohungen und Gefahren abzuwenden. In der Psychologie spricht man, wie bereits erwähnt, von Aufsuche- und Meidemotiven. Sind wir im Aufsuche-Modus, befassen wir uns gedanklich damit, wie schön es wäre, etwas zu erreichen. Wir sind offen und neugierig, trauen uns etwas zu und können Fehler und Rückschläge als Teil des Prozesses annehmen. Im Meide-Modus haben wir hingegen das Ziel, keine Fehler zu machen, Misserfolge abzuwenden und nicht blöd dazustehen. Wir sind verunsichert, ängstlich und sehen nur, was schieflaufen könnte. Bei Niederlagen oder Irrtümern fühlen wir uns gleich als Versager und werten uns ab.

Wir können zumindest ein Stück weit bewusst in den Aufsuche-Modus wechseln, wenn wir uns von der Bewertung anderer unabhängiger machen. Vielleicht durch Fragen wie: »Was ist mir persönlich wichtig? Anhand welcher Maßstäbe will ich mich messen lassen? Wie definiere ich Fortschritte und Erfolg? Von wem will ich mich wirklich bewerten lassen, wer hat das Recht, mir Rückmeldung zu geben – und wessen Meinung will ich in Zukunft kein Gehör mehr schenken?«

Miriam erzählt:
Meine beiden Söhne haben beide ihre »Special Effects«, ihre ADHS und Autismus-Spektrum-Störung machen es nicht einfach, den Alltag zu managen. Als Familie haben wir jedoch viel darüber gelesen, waren bei der Erziehungsberatung, verschiedenen Therapien und kommen mittlerweile ganz gut zurecht. Wir kennen unsere Kinder, können sie mit ihren Schwierigkeiten annehmen und sehen auch ihre Sonnenseiten und Stärken. Das war aber nicht immer so. Als meine Jungs in den Kindergarten beziehungsweise dann in die Grundschule kamen, hagelte es

Kritik von allen Seiten. Wie oft haben wir gehört, dass unsere Kinder nicht tragbar oder schlecht erzogen seien! Ich hatte zig schlaflose Nächte, habe mich immer wieder gefragt, was ich als Mutter falsch mache und weshalb ausgerechnet unsere Kinder sich nicht einfügen können. Das hat mir so viel Druck gemacht, dass ich ständig darauf bedacht war, ja nicht als lasch oder inkonsequent zu gelten. Egal, ob ich mit meinen Kindern auf dem Spielplatz, beim Einkaufen oder beim Elternabend in der Schule war, ich habe mich immer durch die Augen der anderen gesehen und darüber nachgedacht, was sie von mir halten und dass sie sicher glauben, ich sei eine schlechte Mutter. Nach einem wirklich schwierigen Gespräch in der Schule bin ich mit dem Auto nach Hause gefahren und habe mich in der Garage ausgeheult. Die ganzen Forderungen waren so erdrückend! Plötzlich dachte ich: Wenn ich schon so fertig bin, weil die Schule dauernd Erwartungen stellt, die meine Kinder nicht erfüllen können – wie muss es dann ihnen gehen? Das war ein Wendepunkt: Von da an war mir klar, dass ich aufhören muss, es allen recht zu machen und den anderen zu gefallen. Ich musste mir zugestehen, dass meine Kinder anders sind und deshalb auch in vielerlei Hinsicht eine andere Herangehensweise und Begleitung brauchen. Am Anfang hatte ich das Gefühl, ich müsste alle um uns herum aufklären. Ich konnte es nicht auf mir sitzen lassen, wenn jemand die Probleme meiner Kinder als Modediagnose abgestempelt oder deren Existenz sogar angezweifelt hat. Heute setze ich meine Kräfte bewusster ein und frage mich, wohin meine Energie fließen soll. Ich konnte damit aufhören, meine Kinder ständig mit anderen zu vergleichen. Bei Rückmeldungen von außen frage ich mich: Hat diese Person wirklich Ahnung oder einfach viel Meinung?

Was versuchst du wirklich zu erreichen? Viele Ziele verfolgen wir nicht um ihrer selbst willen, sondern um damit etwas anderes zu erreichen.

Benjamin erzählt:

Ich stecke irgendwie in einer Sackgasse. Seit sechs Jahren studiere ich Jura und habe noch immer keinen Bachelor. Jede Seminararbeit schiebe ich monatelang auf, mit der Prüfungsvorbereitung beginne ich erst, wenn es schon fast zu spät ist. Morgens bleibe ich lieber im Bett, als zur Uni zu gehen. Die Vorlesungen langweilen mich und ich kann mir überhaupt nicht vorstellen, später als Jurist oder Anwalt zu arbeiten. Aber aufhören kann ich jetzt auch nicht mehr: Ich habe schließlich schon so viel da reingesteckt! Meine Eltern wären auch total enttäuscht, wenn ich hinschmeiße. Ihnen war es ja eh so wichtig, dass ich studiere, und mein Vater betont immer wieder, dass man mit Jura auf der sicheren Seite ist …

Benjamin studierte nicht Jura, weil er gerne Jurist werden wollte, sondern um seinen Eltern zu gefallen.

Es war für ihn erlösend, als er sich ehrlich eingestehen konnte, dass er niemals Jurist werden wird – auch dann nicht, wenn er sich durch das übrige Studium quält. Nur, weil er bereits sechs Jahre seines Lebens etwas tut, das er nicht ausstehen kann, kann er nicht den Rest seines Lebens damit fortfahren. Natürlich blockierte ihn die Angst, die Anerkennung und den Rückhalt seiner Eltern zu verlieren. Und er hatte keinen Plan B. Schlussendlich nahm er seinen ganzen Mut zusammen und besprach seine Situation mit seinen Eltern. Diese versuchten zunächst, ihn »zur Vernunft« zu bringen, mussten aber auch erkennen, dass ihr Sohn in den letzten Jahren unglücklich wirkte und im Studium kaum vorankam. Alle drei brauchten etwas Zeit, um sich mit dem Gedanken zu versöhnen, dass der berufliche Weg dieses jungen Mannes nicht pfeilgerade verlaufen wird, sondern Umwege über Praktika, Laufbahnberatung und ein Hineinschnuppern in verschiedene Metiers nötig sind, um einen passenden Beruf zu finden.

Wie wir bereits im ersten Kapitel *Kinder bedingungslos lieben* ab Seite 11 beschrieben haben, registrieren wir bereits als Kinder und

Jugendliche, was wir tun und wie wir sein müssen, um von wichtigen Bezugspersonen geliebt, gesehen, akzeptiert und wertgeschätzt zu werden. Unbewusst leiten wir daraus Strategien ab, um unsere Grundbedürfnisse zu befriedigen: Um Liebe, Anerkennung, Wertschätzung zu erhalten, muss ich … / darf ich nicht …

Wenn wir uns getrieben fühlen, angespannt und verbissen auf etwas hinarbeiten, Fehler um jeden Preis verhindern möchten, stecken oft solche alten Prägungen dahinter. Vielleicht bemerken wir sogar, dass unser Ziel uns nicht das gibt, was wir uns ersehnen, aber wir können uns kaum davon lösen.

> Alisha, die als Jugendliche an einer Magersucht erkrankt ist, erzählt:
> *Mit meiner Anorexie kamen diese Gedanken in meinen Kopf: Du musst immer alles unter Kontrolle haben und in allem perfekt sein! Immer gut aussehen! Morgen musst du noch weniger wiegen! Aber ich hatte das Gefühl, nie genug getan zu haben. Deswegen konnte ich mir auch nie etwas gönnen. Sobald ich ein Ziel erreicht hatte, war schon wieder das nächste da. Nicht für zwei Sekunden hatte ich ein Glücksgefühl, wenn ich etwas geschafft hatte. Da bleibt kein Platz, um durchzuatmen. Ich weiß gar nicht, was ich in dieser Zeit für ein Ziel hatte? Vielleicht, mich einfach irgendwann wohlzufühlen? Was gar nicht möglich war, weil ich selbst bei meinem geringsten Gewicht nicht zufrieden war, obwohl ich da nur noch 32 Kilo gewogen habe und die Situation lebensbedrohlich war.*
> *Schon als Kind hatte ich immer das Gefühl, nicht gesehen zu werden. Dass ich von meinen Eltern nur aufgrund von Leistung Zuneigung und Liebe bekomme. Wenn ich etwas gut gemacht habe, dann habe ich Aufmerksamkeit und Liebe oder etwas Spezielles bekommen. Für mich war das aber nie ausreichend. Ich dachte, wenn ich nicht in allem noch perfekter bin, dann werde ich gar nicht mehr gesehen. Davor hatte ich eine riesige Panik. Es war*

wie ein Zwang, immer die Beste zu sein. Das war aber totaler Schwachsinn, weil es nie so wirklich funktioniert hat. Ich habe nie diese Zuneigung bekommen, die ich gebraucht hätte, nur minimal. Heute gibt es auch Tage, an denen ich mal zufrieden bin und mich okay finde. Aber ich mache mir immer noch jeden Tag Gedanken über meine Figur und mein Aussehen.

Das Wichtigste, das ich in der Therapie gelernt habe, ist Selbstliebe. Wie kann ich selber gut zu mir sein? Ich versuche jetzt mit mir selbst so umzugehen, wie ich mir gewünscht hätte, dass man mit mir als Kind umgegangen wäre. Das heißt: Gut auf meine Gefühle hören, sie ernst nehmen und sie mir nicht abzusprechen. Das erwarte ich heute auch von anderen. Ich muss mir sagen, dass man Gefühle nicht immer nachvollziehen können muss. Sie haben immer eine Berechtigung, weil sie echt sind, weil sie meine sind. Grenzen zu setzen muss ich auch immer wieder üben: Wenn mir etwas zu viel ist, mich stört, das dann anzusprechen. Das ist etwas, das ich seit Jahren lernen muss und womit ich noch lange nicht am Ende bin. Zum Beispiel darauf zu hören, wenn ich müde bin, und dann ins Bett gehen. Mir zu sagen, dass es okay ist, auch mal eine Pause zu brauchen.

Nicht immer sind die Auswirkungen bedingter Wertschätzung so massiv. Spürt man aber, dass man sich getrieben fühlt, fast zwanghaft versucht, Ziele und Standards zu erreichen, und sich deswegen erschöpft, ausgelaugt und unzulänglich fühlt, sind oft solche Muster am Werk.

Übrigens: Alisha hat uns einen sehr ausführlichen, berührenden Einblick in ihre Erfahrungen mit der Anorexie gegeben. Du findest das aufgezeichnete Gespräch auf der Webseite: www.elternliebe.ch

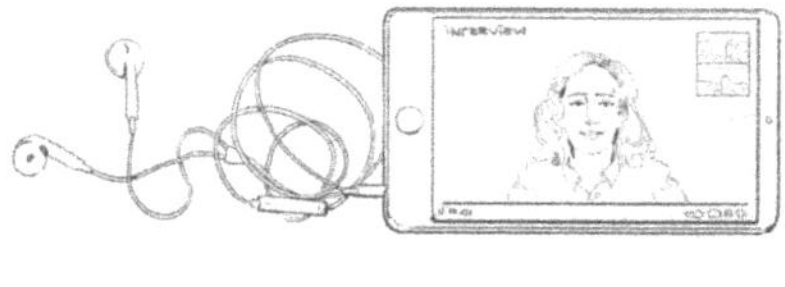

Übung: Was willst du wirklich?

Manchmal fühlen wir uns gefangen in einem Alltag und Zielen, die uns nicht entsprechen und uns von uns selbst entfremden. Um wieder ein Gefühl von Selbstwirksamkeit und Selbstbestimmtheit zu erlangen, können wir genauer hinschauen: Fließt meine Energie und Zeit dorthin, wo wirklich etwas zurückkommt? Führt das, was ich zu erreichen versuche, tatsächlich zu mehr Zufriedenheit für mich und meine Familie?

In dieser Übung geht es ans Eingemachte. Wenn du die folgenden Fragen ein wenig auf dich wirken lässt, kristallisiert sich oft ein erstaunlich klares Bild über die wirklich wichtigen Prioritäten deines Lebens heraus. Gleichzeitig wirst du merken, was dir im Moment fehlt. Vielleicht wird dir auch bewusst, wo du dich bisher auf einen faulen Kompromiss eingelassen hast, dir immer wieder selbst etwas vormachst oder dich sabotierst.

Was würdest du am Ende deines Lebens am meisten bereuen, wenn du so weiterlebst wie jetzt?

Was hält dich davon ab, diesen Aspekt zu verändern? Welches Hindernis ist das größte?

Existiert dieses Hindernis tatsächlich? Was davon sind lediglich Befürchtungen oder Annahmen, die du bisher nicht überprüft hast (beispielsweise darüber, wie andere Menschen reagieren würden oder welche Folgen auf dich zukämen)?

Angenommen, eine Freundin würde dir von dieser Situation und ihren Ängsten berichten, was würdest du ihr raten?

Wer könnte dich unterstützen – bei der Suche nach Informationen? Der Entscheidungsfindung? Der Umsetzung?

Vielleicht wartet ein großer Bereich deines Lebens darauf, mutig von dir umgestaltet zu werden – oder es sind eher kleinere Aspekte, denen du zukünftig im Alltag mehr Beachtung schenken willst.

Selbstwerterhöhung und Selbstwertschutz

Ich erfahre genügend Anerkennung und Wertschätzung und lasse nicht zu, abgewertet und beschämt zu werden.

0	1	2	3	4	5	6	7	8	9	10

Als Elternteil leistet man unendlich viel unbezahlte und oft auch wenig wahrgenommene Arbeit. Meist fehlt uns aber nicht nur der Zuspruch von außen, auch wir selbst messen dem, was wir tagtäglich für unsere Kinder leisten, oft nicht den nötigen Wert zu.

Tatjana erzählt:
Ich habe drei Kinder. Zwischen dem ersten und zweiten bin ich kurz zurück in meinen alten Job. Aber schon da fand ich es schwierig, von zu Hause weg zu sein, und spielte mit dem Gedanken, ab dem zweiten Kind komplett zu Hause zu bleiben. Für meinen Partner und mich war das die richtige Entscheidung. Nun sind es drei Kinder, und es ist schön, wenn man am Morgen keinen Stress hat, um rechtzeitig zur Arbeit zu kommen und es nicht jedes Mal ein Drama ist, wenn ein Kind krank ist und man zu Hause bleiben muss. Es klingt vielleicht ein bisschen unmodern, aber ich bin gerne Hausfrau und Mutter. Womit ich nicht gerechnet habe, ist, wie sehr man heute dafür abgewertet wird. In unserem Bekanntenkreis haben die meisten nach der Elternzeit wieder angefangen zu arbeiten, manche voll, andere zumindest Teilzeit. Wenn wir uns mit anderen Familien treffen, habe ich immer das Gefühl, mich für unsere Entscheidung rechtfertigen zu müssen: Ob ich meinen Beruf nicht vermisse, ob es mir denn reicht, mich »nur« um die Kinder, den Haushalt und den Garten zu kümmern, ob mir bewusst sei, welche Lücke ich in meine Altersvorsorge reiße – obwohl wir das mit einer privaten Vorsorge für mich ausgleichen etc.

Am Anfang habe ich das einfach an mir abprallen lassen. Aber irgendwann setzte sich der Gedanke fest: Wenn ich schon »nur« Hausfrau und Mutter bin, dann muss ich das wenigstens richtig gut machen! Das Haus musste blitzblank aussehen, die Kinder stets ordentlich gekleidet, mit gesunder und liebevoll gestalteter Pausenverpflegung in der Tasche in den Kindergarten gebracht werden. Kinderturnen, Musikgarten: Natürlich sollte auch die Förderung nicht zu kurz kommen. Mir war es einfach wichtig, alles im Griff und unter Kontrolle zu haben. Das hat irgendwann ungesunde Ausmaße angenommen. Dieses »nur« schwebte so über mir: Ich koche ja nur, ich kümmere mich ja nur um die Kinder und den Haushalt, ich räume ja nur auf. Und am Abend war ich oft unzufrieden, so als hätte ich gar nichts »Richtiges« geschafft.
Meine Mutter hat mir dann mal ausgerechnet, was es kosten würde, wenn wir alle drei Kinder in die Ganztagesbetreuung geben, und mir so gezeigt, dass ich auch einen wichtigen finanziellen Beitrag für unsere Familie leiste. Bei meinen Freundinnen habe ich irgendwann nicht mehr so getan, als würde ihre Kritik an mir abprallen, sondern offen gesagt, dass es mich verletzt, wenn sie mir das Gefühl geben, als Mutter und Hausfrau minderwertig zu sein. Zwei Freundinnen haben mich wirklich überrascht, sie meinten sogar, dass sie es mutig fanden, diese Entscheidung zu treffen. Das hat mir gutgetan.
Das Wichtigste war aber, dass ich mir selbst wieder vor Augen geführt habe, warum ich mich so entschieden habe. Ich räume nicht nur auf: Ich schaffe ein gemütliches Zuhause für mich und meine Familie. Ich bin nicht nur Mutter, sondern mache den für mich wichtigsten Job der Welt. Ich habe mir wieder das Recht genommen, das Mamadasein zu genießen, anstatt allen etwas zu beweisen.

Unabhängig davon, ob du dich der Fürsorgearbeit, Erwerbsarbeit oder beidem widmest: Vielleicht kennst auch du das nagende Gefühl, nichts wirklich geschafft zu haben.

Manchmal hilft es, wenn man sich vornimmt, über mehrere Tage hinweg Alltagstätigkeiten Wert zuzusprechen:

- Ich wechsle gerade meinem Kind die Windeln. Das ist wichtig!
- Ich gehe mit meinem Kind spazieren und rede mit ihm: Das ist ein wertvoller Moment für unsere Beziehung!
- Ich koche und sorge dafür, dass wir alle gestärkt sind.
- Ich gehe meinem Job nach, und das ist mir wichtig, weil ich diesen Ausgleich brauche, Geld verdienen will und mich verwirklichen möchte.
- Ich verfasse diese E-Mail, weil die andere Person auf eine Antwort wartet und froh sein wird, wenn sie von mir hört.

Wir können fast jede Aufgabe selbst auf- oder abwerten. Wenn wir unzufrieden sind, haben wir die Tendenz, alles kleinzureden und als wertlos abzutun und verstärken damit unsere Minderwertigkeitsgefühle. Wir können bewusst gegensteuern, indem wir auch kleinere Tätigkeiten mit mehr Liebe betrachten und uns deren tieferen Sinn vergegenwärtigen.

Wenn du den größten Teil der unsichtbaren und unbezahlten Fürsorgearbeit leistest, deine Partnerin oder dein Partner das aber kaum würdigt, ist es an der Zeit, Klartext zu reden. Vielleicht hilft dir dabei die Steuerboard-Liste von Mental-Load-Expertin Laura Fröhlich. Sie gibt dir einen guten Überblick über eine Vielzahl von Verantwortungsbereichen und Tätigkeiten, die im Familienalltag anfallen. Sie kann als Grundlage dienen, um Verantwortlichkeiten neu auszuhandeln und Aufgaben fairer zu verteilen. Du kannst die Steuerboard-Liste kostenlos herunterladen:

www.froehlichimtext.de/mental-load-1/steuerboard-liste/

Bleibt die Unzufriedenheit bestehen, kann das auch ein Hinweis darauf sein, dass man ein Gefühl von Anerkennung und Befriedigung nicht aus den Bereichen ziehen kann, um die man sich gerade kümmert. Vielleicht möchtest du in diesem Fall zurück zum Abschnitt »Selbstwirksamkeit« gehen und deine Ziele kritisch überprüfen. Es könnte sein, dass die Mischung für dich im Moment nicht stimmt oder die Situation zu Hause oder im Beruf so wenig erfüllend ist, dass dich nur eine Veränderung der Rahmenbedingungen weiterbringen kann.

Lustgewinn

Ich erlebe schöne Momente, Freude, Genuss, Entspannung, Abenteuer. Ich gehe Interessen nach und das Unbeschwerte, Spielerische kommt nicht zu kurz:

0	1	2	3	4	5	6	7	8	9	10

Wenn uns jemand auf die Frage »Wie geht es dir?« mit »gut« antwortet, fragen wir meist nicht weiter nach. Die angenehmen Empfindungen bleiben dadurch oft vage. Während wir bei uns und unseren Kindern genau unterscheiden, ob wir wütend, traurig, hilflos, ängstlich, enttäuscht oder eifersüchtig sind, ist unser Wortschatz für die schönen Gefühle oft undifferenziert.

Aber wenn wir nicht wissen, wonach wir Ausschau halten sollen, fällt es uns auch schwer, etwas zu entdecken. Frage dich nicht einfach, wann du glücklich bist, sondern gehe ein wenig ins Detail. Was hat dich in den letzten Tagen neugierig gemacht? Was hat dich interessiert und inspiriert? Motiviert oder überrascht? Wann warst du unbekümmert, locker und vergnügt? Wann hattest du es entspannt oder gemütlich? Hattest du Momente, in denen du voller Liebe warst? Verliebt, zärtlich, lustvoll, verbunden? Gab es Ziele, die du kraftvoll, entschlossen und engagiert verfolgt hast? Wo du hellwach, lebendig, energiegeladen und frisch warst? Was hat dich optimistisch und hoffnungsvoll gestimmt? Was hat dich entlastet, beruhigt, erleichtert oder befreit? Was hat dich zum Lachen gebracht? Hast du dir erlaubt, ein bisschen kindisch, verspielt und albern zu sein? Konntest du stolz und selbstzufrieden sein? Dankbar, erfüllt oder ergriffen? Warst du da und dort ruhig, ausgeglichen und gelassen? Vielleicht warst du sogar ekstatisch, selig, begeistert, entzückt oder überwältigt (vgl. Rosenberg, 2016)?

Wenn wir auf diese Weise über glückliche Momente nachdenken, tauchen unmittelbar verschiedene Begebenheiten vor unserem inneren Auge auf. Du kannst sie in Gedanken nochmals durchgehen und dich darüber freuen. Studien aus der Positiven Psychologie zeigen, dass wir uns bereits glücklicher fühlen, wenn wir über einige Wochen hinweg jeden Abend drei solche Erlebnisse festhalten (Seligman, 2012).

Vielleicht willst du aber auch überlegen, wie du schöne Momente hie und da noch stärker in den Alltag einstreuen könntest. Worauf freust du dich heute besonders? Was würde den Tag noch schöner machen? Und wie sehen das deine Kinder?

Insbesondere an stressigen Tagen nutzen wir diese Fragen, um kleine Inseln der Freude zu schaffen. Das muss nicht viel sein: »Ich nehme nach der Arbeit den schöneren Weg durch den Wald nach Hause«, »Im Zug gönne ich mir 20 Minuten eines fesselnden Hörbuchs« oder »Heute Abend essen wir Pizza vor dem Fernseher!«.

Wenn du möchtest, kannst du dich gemeinsam mit deiner Familie darin üben, positive Momente bewusster wahrzunehmen und mehr zu genießen. Für unser Kinderbuch *Jaron auf den Spuren des Glücks* (Grolimund & Rietzler, 2021) haben wir dazu mehrere Genusskarten entwickelt, die du auf der Webseite www.glücksjournal.ch kostenlos herunterladen kannst.

Autonomie

Ich habe in meinem Alltag genügend Freiräume, Entscheidungs- und Gestaltungsmöglichkeiten.

0	1	2	3	4	5	6	7	8	9	10

Ich, Stefanie, war eigentlich immer der Meinung, das Autonomiebedürfnis sei mir persönlich gar nicht so wichtig – bis ich zum ersten Mal Mutter wurde. Wie stark sich der Alltag mit einem kleinen Menschen, der vollkommen von uns abhängig ist, doch plötzlich ändert!

Ich habe die Babyphase und Stillzeit dennoch sehr genossen. Als ich unser erstes Kind nach eineinhalb Jahren abgestillt hatte, freute ich mich aber auch, endlich wieder einmal einen freien Abend mit meiner langjährigen Freundin zu verbringen, sogar bei ihr zu übernachten und am Morgen gemütlich gemeinsam zu frühstücken. Nur, um dann rund 20 Mal zu Hause anzurufen. Nicht, weil ich meinen beiden Männern die mamafreie Zeit nicht zugetraut hätte, sondern weil ich so schreckliche Sehnsucht nach ihnen hatte.

Das Bedürfnis nach Autonomie ist sicher das Grundbedürfnis, das durch die Elternschaft am meisten in Mitleidenschaft gezogen wird. Auch wer sich bewusst für Kinder entschieden hat und sich an ihnen erfreut, wird naturgegeben in seiner Freiheit eingeschränkt. Das merkt man daran, dass Dinge, die früher selbstverständlich waren, plötzlich Luxus sind: ungestört duschen, ohne kleine Zuschauer aufs Klo gehen oder ohne Unterbrechung mit anderen Erwachsenen ein paar Sätze wechseln zu dürfen.

»Und wo bleibe ich?« beziehungsweise »Was ist mit mir?« sind Gedanken, die uns darauf hinweisen, dass unser Bedürfnis nach Autonomie zu kurz kommt.

Diese Fragen wollen ernst genommen werden.

Wenn wir uns im Elternsein nicht verlieren wollen, müssen wir uns Schritt für Schritt auch kleine Freiräume zurückerobern. Das setzt Vertrauen voraus: in das Kind, eventuell die Partnerschaft, andere Bezugspersonen aus der Familie oder dem Freundeskreis oder professionelles Betreuungspersonal.

Manchmal müssen wir dafür über unseren Schatten springen, um diesen Menschen einen Vertrauensvorschuss zu gewähren. Wenn wir darauf warten, dass unser Kind eines Abends auf uns zukommt und sagt: »Geh heute Abend doch mal wieder ins Kino, das täte dir bestimmt gut. Ich schaffe das mit dem Einschlafen schon auch ohne dich«, wird die Durststrecke vielleicht ein bisschen zu lang.

Während einige Eltern auf viel Hilfe zählen dürfen, stehen andere fast alleine da.

Einer alleinerziehenden Mutter half die Überlegung: »Was von mir fehlt mir am meisten? Was gab mir früher besonders stark das Gefühl, ICH zu sein und mir etwas Gutes zu tun?« Für sie war schnell klar, dass sie die wenigen kinderfreien Lücken im Alltag unbedingt nutzen möchte, um wieder kreativ zu werden.

Was fehlt dir in deinem Leben aktuell am meisten? Wem solltest du davon erzählen? Und wie könntest du dir ein wenig davon zurückholen?

Was sich unsere Kinder von uns wünschen

Es gibt unzählige Möglichkeiten, unseren Kindern unsere Liebe zu zeigen und sie fürs Leben zu stärken. Zum Abschluss möchten wir dir aus Kindersicht die wichtigsten Gedanken dazu auf den Weg geben.

Liebe Mama, lieber Papa,

… wenn du mir sagst: »Es ist so schön, dass es dich gibt!«, und ich merke, dass du gerne mit mir Zeit verbringst und ich dein Leben bereichere, dann fühle ich mich wertvoll.

… in Kindergarten, der Schule oder zuhause bestimmen oft die Erwachsenen. Ich versuche wirklich, so gut wie möglich mitzumachen. Aber manchmal möchte ich eigene Entscheidungen treffen: Ob ich den blauen oder grünen Pullover anziehe? Wann, wo und wie ich meine Hausaufgaben erledige? Oder wo unser nächster Familienausflug hingeht?

… ich hätte nie gedacht, dass du dich früher auch mal mit Fieslingen aus deiner Klasse herumschlagen musstest, traurig warst, weil eine Freundin sich nicht mehr mit dir verabreden wollte, und ganz schlimmen Liebeskummer hattest! Und stimmt es wirklich, dass du mal eine Klasse wiederholen musstest? Wenn du mir von deinen schwierigen Erfahrungen als Kind erzählst, fühle ich mich nicht so alleine.

… manchmal geht es mir nicht so gut und ich weiß gar nicht, was los ist. Dann hilft es mir, wenn du meine Gefühle in Worte fasst. Wenn du mich fragst, was mir jetzt guttun würde, geht es mir schon ein bisschen besser.

… ich liebe meine Hobbys. Aber noch schöner ist es, Zeit mit meinen Freunden zu verbringen. Wenn wir kein Programm haben und einfach tun können, wonach uns gerade ist, kann ich loslassen und mich entspannen.

… oft ärgere ich mich, weil ich manche Dinge nicht auf Anhieb schaffe. Da tut es gut, wenn du dich mit mir über kleine Fortschritte und Erfolge freust. Manchmal fragst du mich sogar, wie ich das geschafft habe. Irgendwie macht es Spaß, dir zu erklären, was ich herausgefunden habe.

… bitte opfere dich nicht auf für mich! Okay, vielleicht bin ich im ersten Moment traurig oder enttäuscht, wenn wir nicht in den Fun-Park gehen, du einfach zu müde bist für ein Spiel oder mir sagst, dass es dir hier zu laut oder zu voll ist. Aber ich möchte nicht, dass du ständig Dinge mit mir unternimmst, die dir stinken, und mich dann spüren lässt, dass du diesen Zirkus extra für mich veranstaltest und ich zumindest ein bisschen Dankbarkeit zeigen sollte. Ich will nicht, dass du mich als Belastung erlebst. Klar, bin ich manchmal nervig und ab und zu darfst du auch etwas mir zuliebe tun – aber ich möchte später nicht hören müssen, dass du »so viel für mich geopfert« und wegen mir auf vieles verzichtet hast. Kaum etwas gibt mir mehr das Gefühl, wertvoll zu sein, als wenn du die Zeit mit mir immer wieder genießen kannst.

… manchmal bin ich schusselig. Manchmal mache ich Fehler. Manchmal komme ich mit einer schlechten Note nach Hause. Es

tut gut, zu merken, dass du mich trotzdem liebhast und hinter mir stehst. Ich kann ganz ich selbst sein, wenn ich weiß, dass ich mir deine Zuneigung nicht verdienen muss.

… von dir habe ich gelernt, dass man schöne Momente genießen darf. Wenn wir beim Frühstück überlegen, worauf wir uns heute freuen oder was diesen Tag noch schöner machen würde. Oder wenn wir am Abend beim Zubettgehen darüber sprechen, was heute gut gelaufen ist oder wofür wir dankbar sind.

… ich bin froh, wenn ich dir von meinen Problemen erzählen darf und du einfach zuhörst. Weißt du noch? Letztes Mal hast du mich gefragt: »Was ist genau passiert?«, »Wie hast du dich dabei gefühlt?«, »Was könntest du jetzt machen?«, »Was hat dir in einer ähnlichen Situation schon mal geholfen?« – und ich bin ganz allein auf eine Lösung gekommen. Das hat mich ganz schön stolz gemacht!

… bei der letzten Diskussion hatte ich das bessere Argument und du hast dich umstimmen lassen. Das gibt mir das Gefühl, dass du mich ernst nimmst.

… ich weiß, du würdest alles für mich tun. Aber das ist gar nicht nötig. Du hilfst mir so viel und so oft. Das ist schön, aber manchmal komme ich mir dabei klein und schwach vor. Dann schalte ich auf Durchzug und will deine Tipps und Ratschläge nicht mehr hören. Du darfst mir ruhig etwas zutrauen. Wenn ich ab und zu einkaufe, für euch kochen oder auf mein kleines Geschwister aufpassen kann, dann weiß ich, dass es auch auf mich ankommt. Bitte gib mir Gelegenheit, mich nützlich zu fühlen. Und fordere mich dabei ein bisschen: Den Teller abräumen, den Müll rausbringen – das findest du vielleicht wichtig. Aber ich will eine echte Hilfe sein!

... es macht mich glücklich, wenn ich anderen etwas Gutes tun kann. Als wir zum Beispiel in der Schule Insektenhotels gebaut haben, ich meine alten Spielsachen gespendet habe oder als wir Geld für Kinder in Not gesammelt haben, da habe ich gemerkt: Mein Beitrag zählt.

... ich weiß, du willst mir eigentlich Mut machen, wenn du mir sagst, wie klug und talentiert ich bin. Aber das setzt mich auch unter Druck. Ich habe dann das Gefühl, dass ich keine Fehler machen darf. Und dass mir alles leichtfallen sollte.

... du sagst mir oft, dass man auch schwierige Dinge lernen kann, wenn man sich Zeit lässt, sich bemüht und immer wieder übt. Es fällt mir leichter, dir das zu glauben, wenn du mir das auch zeigst. Es gilt nicht, wenn du behauptest, dass du zwei linke Hände hast oder nichts von Technik verstehst ...

... manchmal kommt es mir so vor, als hätten die Erwachsenen eine Schablone im Kopf: ein Bild, wie wir Kinder mal werden sollen. Wenn wir uns in die richtige Richtung entwickeln, gibt es Lob, Anerkennung, manchmal sogar Belohnungen. Aber wenn wir schlechte Noten schreiben oder ihr uns zu unselbständig, faul, unordentlich, bockig oder schüchtern findet, malt ihr gleich den Teufel an die Wand. Dann hören wir, dass uns »später auch niemand die Sachen hinterherträgt« oder wir »im Berufsleben auch tun müssen, was die Chefin will«. Dann sagt ihr »Es ist fünf vor zwölf«, ihr »seht schwarz«, liegt wach vor Sorge, kritisiert, nörgelt und drängt. Ihr habt immer unsere Zukunft im Kopf und Angst, etwas zu verpassen. Vergesst dabei aber bitte nicht, dass wir Kinder sind und keine Projekte, an denen ihr ständig arbeiten müsst. Gönnt uns genügend Pausen, interessiert euch mehr dafür, wer wir sind, als wer wir später mal werden könnten.

… ihr seid meine Eltern. Ich möchte wissen, wer ihr seid und was euch bewegt. Wenn ihr mir erzählt, wie es euch geht, dann traue ich mich auch, zu sagen, wie ich mich fühle.

… weißt du noch, als du mich um Rat gefragt hast und ich diese tolle Idee hatte? Wenn ich dir bei einer Entscheidung oder einem Problem helfen darf, fühle ich mich wichtig und schon ein bisschen erwachsen.

… wenn ich meinen Interessen folgen und meine Stärken ausleben kann, vergeht die Zeit wie im Flug. Dann fühle ich mich groß und stark. Bitte vergiss nie, wie wichtig das für mich ist.

… fühl dich bitte nicht gleich schlecht, wenn ich nicht ständig etwas Sinnvolles mit meiner Zeit anfange und manchmal lieber mit Freunden rumgammle, zocke oder chille, anstatt ein Instrument zu üben, Sport zu treiben oder für die Schule zu lernen.

… ich mag es nicht immer, wenn du »nein« sagst. Aber es gibt mir Sicherheit, wenn ich weiß, wo deine Grenzen sind. Danke, dass du auch meine respektierst.

… ich weiß, dass du viel zu tun hast und manchmal müde bist. Umso glücklicher macht es mich, wenn wir ab und zu miteinander herumalbern, lachen, toben und rangeln können.

… wenn es Streit gibt, habe ich manchmal Angst, Menschen zu verlieren, die ich liebhabe. Jedes Mal, wenn du dich bei mir entschuldigst, weil du unfair warst, oder ihr Eltern euch nach einem Streit wieder miteinander versöhnt, schenkt mir das Vertrauen. Danke, dass du mit mir überlegst, wie ich es wiedergutmachen kann, wenn ich jemandem wehgetan habe.

... ich weiß, du liebst mich so sehr, dass du am liebsten alles Unangenehme von mir fernhalten würdest. Und wenn ich dann trotz all deiner Fürsorge Angst habe, wütend, traurig oder enttäuscht bin, dann kannst du das manchmal fast nicht aushalten und sagst »Das ist doch kein Grund, so wütend zu sein« oder »du brauchst doch keine Angst zu haben!«. Du kannst es vielleicht manchmal nicht sehen, aber ich bin stärker, als du denkst. Trau mir zu, dass ich auch mit unangenehmen Gefühlen zurechtkommen kann, solange du an meiner Seite bist und sie gemeinsam mit mir aushältst.

Literatur

Ambauen, F. & Meyer, S. (2023). *Beziehungskosmos. Eine Anleitung zur Selbsterkenntnis*. Aris.

Antonovsky, A. (1997). *Salutogenese. Zur Entmystifizierung der Gesundheit.* Dgvt.

Baikie, K. A., & Wilhelm, K. (2005). Emotional and physical health benefits of expressive writing. *Advance in Psychiatric Treatment, 11*, 338–346.

Bartlett, M. Y., & DeSteno, D. (2006). Gratitude and prosocial behavior: Helping when it costs you. *Psychological science, 17*(4), 319–325.

Baumeister, R. F., Muraven, M., & Tice, D. M. (2000). Ego depletion: A resource model of volition, self-regulation, and controlled processing. *Social Cognition, 18*, 130–150.

Beard, K. S., & Csikszentmihalyi, M. (2015). Theoretically Speaking: An Interview with Mihaly Csikszentmihalyi on Flow Theory Development and Its Usefulness in Addressing Contemporary Challenges in Education. *Educational Psychology Review, 27*(2), 353–364.

Belden, A. C., Thomson, N. R., & Luby, J. L. (2008). Temper tantrums in healthy versus depressed and disruptive preschoolers: defining tantrum behaviors associated with clinical problems. *The Journal of pediatrics, 152*(1), 117–122.

Bodenmann, G. (2020). *Von der Partnerschaft zur Elternschaft: Wie belastend ist die Transition wirklich?* Online-Handout.

Born, A. & Oehler, C. (2020). *Kinder mit Rechenschwäche erfolgreich fördern: Ein Praxishandbuch für Eltern, Lehrer und Therapeuten*. Kohlhammer.

Born, A. & Oehler, C. (2017). *Lernen mit Grundschulkindern: Pratkische Hilfen und erfolgreiche Fördermethoden für Eltern und Lehrer*. Kohlhammer.

Botta, R. A. (2003). For your health? The relationship between magazine reading and adolescents' body image and eating disturbances. *Sex roles, 48*(9), 389–399.1111.

Breggin, P. R. (2014). *Guilt, shame, and anxiety: Understanding and overcoming negative emotions.* Prometheus Books.

Brendel, K. E., & Maynard, B. R. (2014). Child–parent interventions for childhood anxiety disorders: a systematic review and meta-analysis. *Research on Social Work Practice, 24*(3), 287–295.

Brown, B. (2008). *I thought it was just me (but it isn't): Making the journey from »What will people think?« to »I am enough«.* Avery.

Brummelman, E., Thomaes, S., Walton, G. M., Poorthuis, A. M., Overbeek, G., Orobio de Castro, B., & Bushman, B. J. (2014). Unconditional regard buffers children's negative self-feelings. *Pediatrics, 134*(6), 1119–1126.

Budiarto, Y., & Helmi, A. F. (2021). Shame and self-esteem: A meta-analysis. *Europe's Journal of Psychology, 17*(2), 131.

Cândea, D. M., & Szentagotai-Tătar, A. (2018). Shame-proneness, guilt-proneness and anxiety symptoms: A meta-analysis. *Journal of anxiety disorders, 58*, 78–106.

Calhoun, L. G. & Tedeschi, R. G. (2006). The foundations of posttraumatic growth: An expanded framework. In: Calhoun, L. G. & Tedeschi, R. G. (Hrsg.). *Handbook of posttraumatic growth: Research and practice* (S. 3–23). Mahawah, New Jersey: Lawrence Erlbaum Associates Publishers.

Carr, A., Cullen, K., Keeney, C., Canning, C., Mooney, O., Chinseallaigh, E., & O'Dowd, A. (2021). Effectiveness of positive psychology interventions: a systematic review and meta-analysis. *The Journal of Positive Psychology, 16*(6), 749–769.

Chan, D. W. (2011). Burnout and life satisfaction: Does gratitude intervention make a difference among Chinese school teachers in Hong Kong?. *Educational Psychology, 31*(7), 809–823.

Chapman, G. (2019). *Die fünf Sprachen der Liebe: Wie Kommunikation in der Partnerschaft gelingt.* ABP Verlag.

Cobham, V. E., Dadds, M. R. , & Spence , S. H. (1998). The role of parental anxiety in the treatment of childhood anxiety. *Journal of Consulting and Clinical Psychology, 66*, 893–905.

Cregg, D. R., & Cheavens, J. S. (2021). Gratitude interventions: Effective self-help? A meta-analysis of the impact on symptoms of depression and anxiety. *Journal of Happiness Studies, 22*, 413–445.

Creswell, C., Willetts, L., Murray, L., Singhal, M., & Cooper, P. (2008). Treatment of child anxiety: an exploratory study of the role of maternal anxiety and behaviours in treatment outcome. *Clinical psychology & psychotherapy, 15*(1), 38–44.

DeCou, C. R., Lynch, S. M., Weber, S., Richner, D., Mozafari, A., Huggins, H., & Perschon, B. (2021). On the association between trauma-related shame and symptoms of psychopathology: a meta-analysis. *Trauma, Violence, & Abuse,* 15248380211053617.

De Neve, J.-E., Christakis, N. A., Fowler, J. H., & Frey, B. S. (2012). Genes, economics, and happiness. *Journal of Neuroscience, Psychology, and Economics, 5*(4), 193–211.

Derakshan, N., Eysenck, M. W., & Myers, L. B. (2007). Emotional information processing in repressors: The vigilance–avoidance theory. *Cognition and Emotion, 21(8),* 1585–1614.

Einsle, F., & Hummel, K. (2015). *Kognitive Umstrukturierung: Techniken der Verhaltenstherapie.* Beltz.

Emerson, L. M., Ogielda, C., & Rowse, G. (2019). A systematic review of the role of parents in the development of anxious cognitions in children. *Journal of Anxiety Disorders, 62,* 15–25.

Engeln, R., Shavlik, M., & Daly, C. (2018). Tone it down: How fitness instructors' motivational comments shape women's body satisfaction. *Journal of Clinical Sport Psychology, 12*(4), 508–524.

Eskreis-Winkler, L., & Fishbach, A. (2019). Not Learning From Failure—the Greatest Failure of All. *Psychological science, 30*(12), 1733–1744.

Everett, G. E., Hupp, S. D., & Olmi, D. J. (2010). Time-out with parents: A descriptive analysis of 30 years of research. *Education and Treatment of Children, 33*(2), 235–259.

Froh, J. J., Sefick, W., & Emmons, R. (2008). Counting blessings in early adolescents: An experimental study of gratitude and subjective well-being. *Journal of school psychology 46*(2), 213–233.

Froh, J. J., & Bono, G. (2008). The gratitude of youth. *Positive psychology: Exploring the best in people, 2,* 55–78.

Gilbert, P., & Andrews, B. (Eds.). (1998). *Shame: Interpersonal behavior, psychopathology, and culture.* Oxford University Press.

Gouveia, M. J., Carona, C., Canavarro, M. C., & Moreira, H. (2016). Self-compassion and dispositional mindfulness are associated with parenting styles and parenting stress: The mediating role of mindful parenting. *Mindfulness, 7*(3), 700–712.

Grawe, K. (2000). *Psychologische Therapie.* Hogrefe.

Greene, R. (2011). *Das explosive Kind.* Edition Spuren.

Grolimund, F., & Rietzler, S. (2019). *Geborgen, mutig, frei. Wie Kinder zu innerer Stärke finden.* Herder.

Grolimund, F., & Rietzler, S. (2021). *Jaron auf den Spuren des Glücks.* Hogrefe.

Guan, B., & Jepsen, D. M. (2020). Burnout from emotion regulation at work: The moderating role of gratitude. *Personality and Individual Differences, 156,* 109703.

Gurnani, R., & Gaur, S. (2019). Does receiving promote giving? gratitude as a predictor of altruism via happiness. *Journal of Research and Analytical Reviews, 6*(4), 981–992.

Härtl-Kasulke, C., & Revers, A. (2018). *Lebenskunst! Eine Anleitung zur Positiven Psychologie.* Beltz.

Harper, B., & Tiggemann, M. (2008). The effect of thin ideal media images on women's self-objectification, mood, and body image. *Sex roles, 58*(9), 649–657.

Heath, C., & Heath, D. (2017). *The Power of Moments: Why Certain Experiences Have Extraordinary Impact.* Bantam Press.

Hock, M., Kohlmann, C. W. (2017). Repression-Sensitization. In: Zeigler-Hill, V., Shackelford, T. (eds) *Encyclopedia of Personality and Individual Differences.* Springer, Cham. https://doi.org/10.1007/978-3-319-28099-8_848-1

Hofer, J., & Busch, H. (2017). Why Citizen Kane was unhappy: Motive-goal incongruence. *Social and Personality Psychology Compass, 11*(8), e12330.

Horn, A. B., & Mehl, M. R. (2004). Expressives Schreiben als Copingtechnik: Ein Überblick über den Stand der Forschung. *Verhaltenstherapie, 14,* 274–283.

Iodice, J. A., Malouff, J. M., & Schutte, N. S. (2021). The association between gratitude and depression: A meta-analysis. *International Journal of Depression and Anxiety, 4*(1), 1–12.

Irle, K. (2013). *Erziehung ist überflüssig.* Frankfurter Rundschau. Online abrufbar unter: https://www.fr.de/panorama/erziehung-ueberfluessig-11264809.html

Islamiah, N., Breinholst, S., & Walczak, M. A. (2023). Associations Between Parents' Cognitions About Child Anxiety and Emotion Dysregulation in Clinically Anxious Children: The Unique Contribution of Fathers. *Child Psychiatry & Human Development*, 1–10.

Jacob, G. (2020). *Raus aus Schema F. Das innere Kind verstehen, Verhaltensmuster ändern und neue Wege gehen.* Julius Beltz GmbH & Co. KG.

Jamieson, J. P., Black, A. E., Pelaia, L. E., Gravelding, H., Gordils, J., & Reis, H. T. (2022). Reappraising stress arousal improves affective, neuroendocrine, and academic performance outcomes in community college classrooms. *Journal of Experimental Psychology: General, 151*(1), 197.

Jansen, F., Streit, U. & Fuchs, A. (2012*). Lesen und Rechtschreiben lernen nach dem IntraActPlus-Konzept.* Springer.

Kacewicz, E., Slatcher, R. B., & Pennebaker, J. W. (2007). Expressive Writing: An Alternative to Traditional Methods. In: L. L'Abate (ed.), *Low-cost approaches to promote physical and mental health: Theory, Research and Practice*, 271–284. New York: Springer.

Kidd, T., Devine, S. L., & Walker, S. C. (2022). Affective touch and regulation of stress responses. *Health Psychology Review*, 1–18.

Kirca, A., M. Malouff, J., & Meynadier, J. (2023). The Effect of Expressed Gratitude Interventions on Psychological Wellbeing: A Meta-Analysis of Randomised Controlled Studies. *International Journal of Applied Positive Psychology*, 1–24.

Klucken, T., Kruse, O., Schweckendiek, J., & Stark, R. (2015). Increased skin conductance responses and neural activity during fear conditioning are associated with a repressive coping style. *Frontiers in Behavioral Neuroscience, 9*, 132.

Koo, M., Algoe, S. B., Wilson, T. D., & Gilbert, D. T. (2008). It's a wonderful life: Mentally subtracting positive events improves people's affective states, contrary to their affective forecasts. *Journal of personality and social psychology, 95*(5), 1217.

Landers, M., Sznycer, D., & Al-Shawaf, L. (2023). Shame. In: L. Al-Shawaf & T. K. Shackelford (Eds.), *The Oxford Handbook of Evolution and the Emotions*. New York: Oxford University Press.

Laving, M., Foroni, F., Ferrari, M., Turner, C., & Yap, K. (2022). The association between OCD and Shame: A systematic review and meta-analysis. *British Journal of Clinical Psychology*, 62(1), 28–52.

Lee, A. H., Adams-Clark, A. A., Martin, C. G., & Zalewski, M. (2023). Associations between maternal apology, parenting, and child internalizing, externalizing and prosocial behaviors. *Journal of Applied Developmental Psychology, 84*, 101484.

Légé, U., & Grolimund, F. (2021). *Huch, die Angst ist da!* Hogrefe.

López-Guimerà, G., Levine, M. P., Sánchez-Carracedo, D., & Fauquet, J. (2010). Influence of mass media on body image and eating disordered attitudes and behaviors in females: A review of effects and processes. *Media Psychology, 13*(4), 387–416.

Ma, L. K., Tunney, R. J., & Ferguson, E. (2017). Does gratitude enhance prosociality?: A meta-analytic review. *Psychological Bulletin, 143*(6), 601–635.

Mangelsdorf, J., Eid, M., & Luhmann, M. (2019). Does growth require suffering? A systematic review and meta-analysis on genuine posttraumatic and postecstatic growth. *Psychological bulletin, 145*(3), 302.

Middlemiss, W., Granger, D. A., Goldberg, W. A., & Nathans, L. (2012). Asynchrony of mother–infant hypothalamic–pituitary–adrenal axis activity following extinction of infant crying responses induced during the transition to sleep. *Early human development, 88*(4), 227–232.

Morrison, I. (2016). Keep calm and cuddle on: social touch as a stress buffer. *Adaptive Human Behavior and Physiology, 2*, 344–362.

Myers, L. B. (2010). The importance of the repressive coping style: findings from 30 years of research. *Anxiety, Stress & Coping, 23(1)*, 3–17.

Napp-Peters, A. (1995). *Familien nach der Scheidung.* Antje Kunstmann.

Nechita, D. M., Bud, S., & David, D. (2021). Shame and eating disorders symptoms: A meta-analysis. *International Journal of Eating Disorders, 54*(11), 1899–1945.

Neff, K. (2015). *Selbstmitgefühl.* Kailash.

Neff, K. (2022). *Kraftvolles Selbstmitgefühl für Frauen. Klar für sich selbst einstehen, engagiert handeln und Erfüllung finden.* Kailash.

Neff, K. D., & Faso, D. J. (2015). Self-compassion and well-being in parents of children with autism. *Mindfulness, 6*, 938–947.

Nolde, M. (2020). *Eltern bleiben nach der Trennung.* Knaur.

Oishi, S., Choi, H., Koo, M., Galinha, I., Ishii, K., Komiya, A., ... & Besser, L. L. (2020). Happiness, meaning, and psychological richness. *Affective Science, 1*, 107–115.

Pavlacic, J. M., Buchanan, E. M., Maxwell, N. P., Hopke, T. G., & Schulenberg, S. E. (2019). A Meta-Analysis of Expressive Writing on Posttraumatic Stress, Posttraumatic Growth, and Quality of Life. *Review of General Psychology, 23*(2), 230–250.

Pennebaker, J. W., & Smith, J. M. (2016). *Opening Up by Writing It Down, Third Edition: How Expressive Writing Improves Health and Eases Emotional Pain.* The Guilford Press.

Potegal, M., & Davidson, R. J. (2003). Temper tantrums in young children: 1. Behavioral composition. *Journal of Developmental & Behavioral Pediatrics, 24*(3), 140–147.

Qin, S., Young, C. B., Duan, X., Chen, T., Supekar, K., & Menon, V. (2014). Amygdala subregional structure and intrinsic functional connectivity predicts individual differences in anxiety during early childhood. *Biological psychiatry, 75*(11), 892–900.

Reynolds, M. (2019). *How to use anger as a force for good.* TEDxAtlanta. Kostenlos abrufbar unter: https://www.youtube.com/watch?v=owZb9qub-RU

Rescorla, L. A., Bochicchio, L., Achenbach, T. M., Ivanova, M. Y., Almqvist, F., Begovac, I., ... & Verhulst, F. C. (2014). Parent–teacher agreement on children's problems in 21 societies. *Journal of Clinical Child & Adolescent Psychology, 43*(4), 627–642.

Rietzler, S., & Grolimund, F. (2018). *Clever lernen.* Hogrefe.

Rietzler, S., & Grolimund, F. (2020). *Lotte, träumst du schon wieder?* Hogrefe.

Rietzler, S., & Grolimund, F. (2023). *Erfolgreich lernen mit ADHS und ADS.* Hogrefe.

Rietzler, S., Völker-Munro, N., & Grolimund, F. (2023). *Ungeheuer wütend.* Hogrefe.

Rogers, C. (1975). *Die klientenzentrierte Gesprächspsychotherapie.* Kindler.

Rosenberg, M. B. (2016). *Gewaltfreie Kommunikation: Eine Sprache des Lebens.* Junfermann Verlag GmbH.

Ross, L. (2018). From the fundamental attribution error to the truly fundamental attribution error and beyond: My research journey. *Perspectives on Psychological Science, 13*(6), 750–769.

Ruckstaetter, J., Sells, J., Newmeyer, M. D., & Zink, D. (2017). Parental apologies, empathy, shame, guilt, and attachment: A path analysis. *Journal of Counseling & Development, 95*(4), 389–400.

Seligman, M. (2012). *Wie wir aufblühen. Die fünf Säulen des persönlichen Wohlbefindens.* Golmann.

Schalkwijk, F., Van Someren, E. J., & Wassing, R. (2019). A clinical interpretation of shame regulation in maladaptive perfectionism. *Personality and Individual Differences, 138*, 19–23.

Sheehy, K., Noureen, A., Khaliq, A., Dhingra, K., Husain, N., Pontin, E. E., ... & Taylor, P. J. (2019). An examination of the relationship between shame, guilt and self-harm: A systematic review and meta-analysis. *Clinical psychology review, 73*, 101779.

Simão, C., & Seibt, B. (2015). Friendly touch increases gratitude by inducing communal feelings. *Frontiers in psychology, 6*, 815.

Sirois, F. M., & Wood, A. M. (2017). Gratitude uniquely predicts lower depression in chronic illness populations: A longitudinal study of inflammatory bowel disease and arthritis. *Health Psychology, 36*(2), 122.

Solter, A. J. (2015). *Spielen schafft Nähe – Nähe löst Konflikte.* Kösel.

Solomon, A. (2013). *Weit vom Stamm: Wenn Kinder ganz anders als ihre Eltern sind.* S. Fischer.

Stahl, S. (2015). *Das Kind in dir muss Heimat finden: Der Schlüssel zur Lösung (fast) aller Probleme.* Kailash.

Stahl, S. & Tomuschat, J. (2018). *Nestwärme, die Flügel verleiht.* GU.

Stefan, D. R., Lefdahl-Davis, E. M., Alayan, A. J., Decker, M., Kulwicki, T. M., Parsell, J. S., & Wittwer, J. L. (2021). The impact of gratitude letters and visits on relationships, happiness, well-being, and meaning of graduate students. *Journal of Positive School Psychology, 5*(2), 110–126.

Tacke, G. (2012). *Flüssig lesen lernen 1 bis 4.* Klett.

Tacke, G. (2021). *Das 10-Minuten-Rechtschreibtraining für zu Hause 1 + 2.* Auer.

Tangney, J. P., & Dearing, R. L. (2003). *Shame and guilt.* Guilford Press.

Tedeschi, R. G., & Calhoun, L. G. (2004). Posttraumatic growth: conceptual foundations and empirical evidence. *Psychological inquiry, 15*(1), 1–18.

Temizyürek, K. (2018). Die richterliche Kindesanhörung: Bindungsfürsorge, Bindungstoleranz, Bindungsblockade, *Zeitschrift für Kindschaftsrecht und Jugendhilfe, 8*, 301–306.

Thrash, T. M., Maruskin, L. A., & Martin, C. C. (2012). Implicit-explicit motive congruence. *The Oxford handbook of human motivation*, 141–156.

Tian, L., Chu, S., & Huebner, E. S. (2016). The chain of relationships among gratitude, prosocial behavior and elementary school students' school satisfaction: The role of school affect. *Child Indicators Research, 9*, 515–532.

Tian, L., Du, M., & Huebner, E. S. (2015). The effect of gratitude on elementary school students' subjective well-being in schools: The mediating role of prosocial behavior. *Social Indicators Research, 122*, 887–904.

Torras, Míriam Tirado (2022). *Wutanfälle: Verstehen, liebevoll begleiten und daran wachsen.* Duden, 111.

Travagin, G., Margola, D., & Revenson, T. A. (2015). How effective are expressive writing interventions for adolescents? A meta-analytic review. *Clinical psychology review, 36*, 42–55.

Tuulari, J. J., Kataja, E. L., Leppänen, J. M., Lewis, J. D., Nolvi, S., Häikiö, T., ... & Karlsson, H. (2020). Newborn left amygdala volume associates with attention disengagement from fearful faces at eight months. *Developmental cognitive neuroscience, 45*, 100839.

Ma, L. K., Tunney, R. J., & Ferguson, E. (2017). Does gratitude enhance prosociality?: A meta-analytic review. *Psychological bulletin, 143*(6), 601.

Vaillant, G. E. (2008). *Aging well: Surprising guideposts to a happier life from the landmark study of adult development.* Hachette UK.

Van Duijvenvoorde, A. C., Zanolie, K., Rombouts, S. A., Raijmakers, M. E., & Crone, E. A. (2008). Evaluating the negative or valuing the positive? Neural mechanisms supporting feedback-based learning across development. *Journal of Neuroscience, 28*(38), 9495–9503.

Vonnoh, C. (2021). *Up to Dad.* Beltz.

Von Schlippe, A. (2016). Das Karussell der Erwartungen. Youtube. Abrufbar unter: https://www.youtube.com/watch?v=gvPzawEu5bA

Ware, B. (2019). *Top Five Regrets of the Dying: A Life Transformed by the Dearly Departing.* Hay House, UK.

Waters, S. F., Karnilowicz, H. R., West, T. V., & Mendes, W. B. (2020). *Keep it to yourself? Parent emotion suppression influences physiological linkage and interaction behavior.* Journal of Family Psychology, 34(7), 784.

Watkins, P. C., Cruz, L., Holben, H., & Kolts, R. L. (2008). Taking care of business? Grateful processing of unpleasant memories. *The Journal of Positive Psychology, 3*(2), 87–99.

Werner, N. E. (2012). Do hostile attribution biases in children and parents predict relationally aggressive behavior?. *The Journal of genetic psychology, 173*(3), 221–245.

White, M., Epston, D., & Balkenhol, M. (2020). *Die Zähmung der Monster.* Auer.

Wilken, B. (2018). *Methoden der Kognitiven Umstrukturierung: Ein Leitfaden für die psychotherapeutische Praxis.* Kohlhammer.

Der Illustrator

René Amthor studierte an der Mediadesign Hochschule in Düsseldorf. Ende 2015 gründete er mit seiner Frau das Kreativbüro »Studio Vieleck«. Als er selbst Vater wurde, stieg seine Freude daran, für Kinder zu zeichnen. Er illustriert Kinder- und Familienspiele, Malbücher, Computerspiele, Fach- und Bilderbücher.

Mehr zu seiner Arbeit: www.studio-vieleck.de